マンガで学ぶ

インテリアコーディネーターの仕事

インテリア産業協会［監修］

井上書院

監修のことば

最近では，若い世代を中心に，気に入ったインテリアがある個性的な生活空間を実現したいとする欲求の高まりや，高齢者同居世帯における居住空間に対するリニューアルへの要望とともに，住空間のトータルなインテリア計画を実現してくれるインテリアコーディネーターに対する期待がますます高まっています。また同時に，多くの生活者は，健康かつ安全で快適な住まいづくりや暮らし方を求める傾向が顕著となっています。

ところが，生活空間を構成するインテリア商品は，家具，カーテン，照明器具，住宅設備など多種多様であり，それらの種類・性能・機能等の商品情報を収集することは思った以上に大変です。さらには，住空間を快適に演出するカラーコーディネーションや照明演出，また空間演出等のコーディネート・ソフト分野がともなってくると，要望の実現性は困難さを倍増させます。

つまり，インテリア商品の選択は，日常の生活用品を選ぶのとは違った知恵と感覚を必要とし，特に，住まいのインテリア計画にあっては，現場施工者，商品供給者等とのネットワークが最も重要となります。そこにインテリアコーディネートをプロデュースする専門的な知識と経験をもったインテリアコーディネーターの存在意義があります。

本書でも取り上げている高齢者を対象とする住まいづくりにあっては，「住み慣れた家に安心して住み続けられる」ことが大切であり，そのため，インテリアコーディネーターは，つねに高齢者の精神的な負担をかけずに，できるだけ慣れ親しんだインテリア商品を活用し，かつ過剰装備にならないように心がけることが重要であると指摘しています。

今日，住宅産業の方向性は，フローからストックの時代と言われ，住宅リフォームの健全な発展が望まれています。住宅リフォーム市場は，これまでのような躯体の修理・修繕を主体とするリフォームから，暮らしとインテリアに視点をおいた，快適な住空間を高めるライフスタイルの変化を重視した提案型（プレゼンテーション）が中心となり，インテリアをコーディネートする新たなビジネス展開が期待されています。

現在，インテリアコーディネーター資格制度が実施されてから20年が経過し，有資格者は３万人を超えています。これまで，インテリアコーディネーターの認知と合わせてインテリアコーディネーターの業務プロセスをご理解いただくことが大切だと痛感してまいりました。その意味から，本書はインテリアコーディネーターの仕事を理解するうえで最適な図書であり，また，高齢者に配慮した住まいのリフォームを進めるうえでも，これほどわかりやすい図書はないと自負しております。

本書は，インテリアコーディネーターを志す学生からインテリアの仕事に携わっている多くの皆様にも読んでいただくことを念頭に編集されています。本書を大いに利用され，インテリアコーディネーターの理解にお役立ていただければ幸いです。

2002年６月　　社団法人インテリア産業協会専務理事　澤内幸一

目次

●解説項目一覧●

※本書ではインテリアコーディネーターをICと表記します。

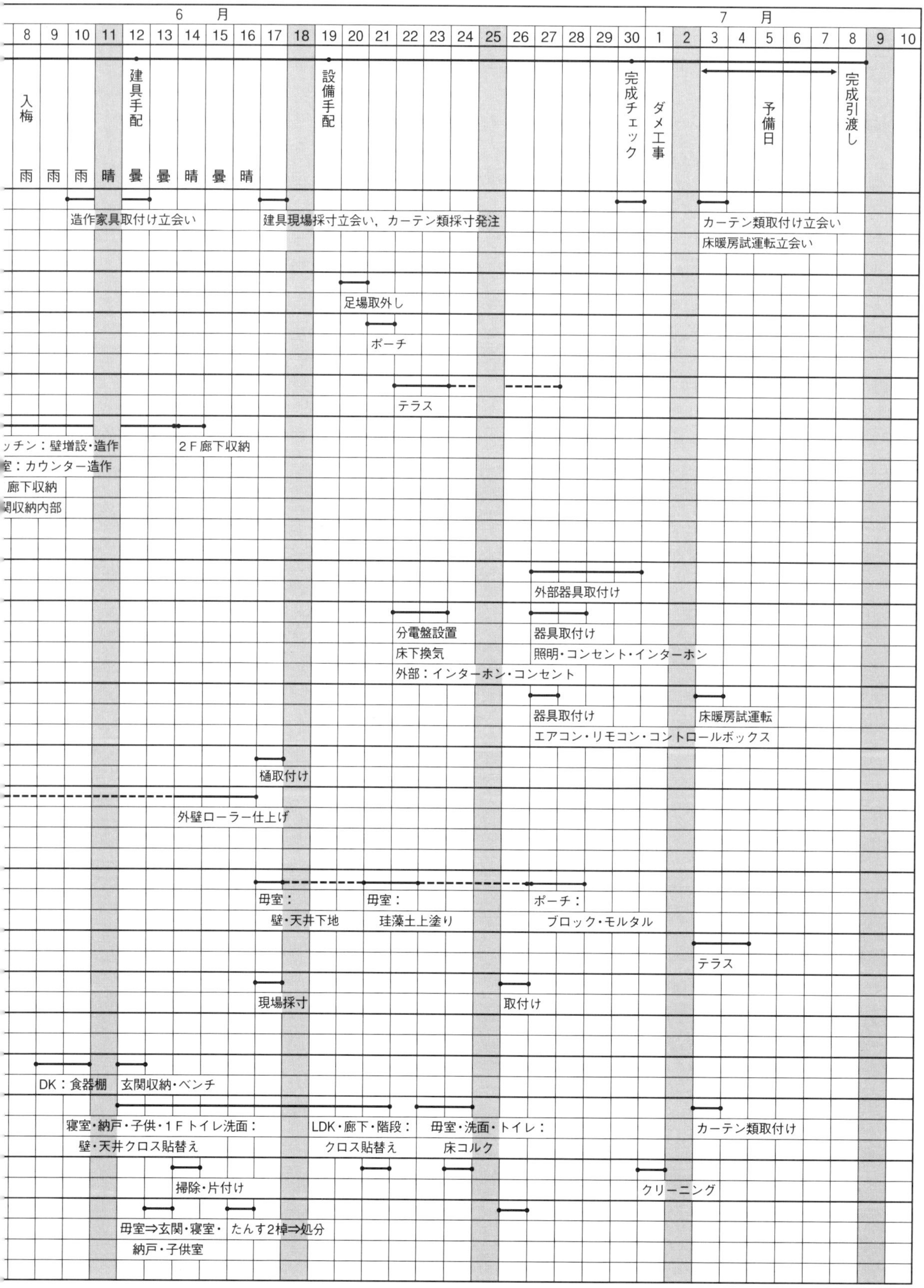
6 月
7 月
8 9 10 11 12 13 14 15 16 17 18 19 20 21 22 23 24 25 26 27 28 29 30
1 2 3 4 5 6 7 8 9 10
入梅
建具手配
設備手配
完成チェック
ダメ工事
予備日
完成引渡し
雨 雨 雨 晴 曇 曇 晴 曇 晴
造作家具取付け立会い
建具現場採寸立会い，カーテン類採寸発注
カーテン類取付け立会い
床暖房試運転立会い
足場取外し
ポーチ
テラス
ッチン：壁増設・造作
2Ｆ廊下収納
室：カウンター造作
廊下収納
関収納内部
外部器具取付け
分電盤設置
床下換気
外部：インターホン・コンセント
器具取付け
照明・コンセント・インターホン
器具取付け
エアコン・リモコン・コントロールボックス
床暖房試運転
樋取付け
外壁ローラー仕上げ
母室：
壁・天井下地
母室：
珪藻土上塗り
ポーチ：
ブロック・モルタル
テラス
現場採寸
取付け
DK：食器棚
玄関収納・ベンチ
寝室・納戸・子供・1Ｆトイレ洗面：
壁・天井クロス貼替え
LDK・廊下・階段：
クロス貼替え
母室・洗面・トイレ：
床コルク
カーテン類取付け
掃除・片付け
クリーニング
母室⇒玄関・寝室・
納戸・子供室
たんす2棹⇒処分

春野邸リフォーム工事　工事工程表

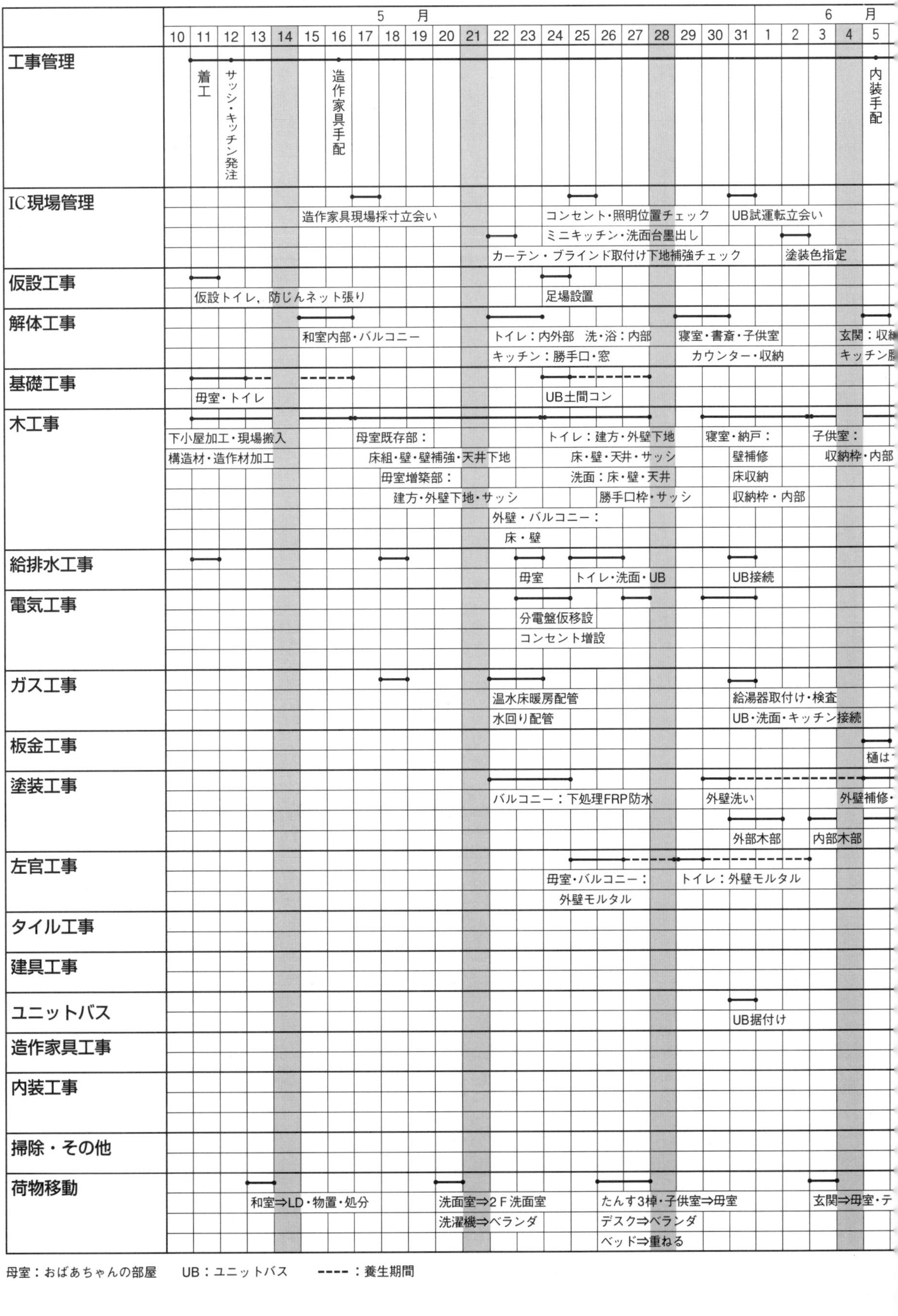
5　月
6　月
10
11
12
13
14
15
16
17
18
19
20
21
22
23
24
25
26
27
28
29
30
31
1
2
3
4
5
工事管理
着工
サッシ・キッチン発注
造作家具手配
内装手配
IC現場管理
造作家具現場採寸立会い
コンセント・照明位置チェック
UB試運転立会い
ミニキッチン・洗面台墨出し
カーテン・ブラインド取付け下地補強チェック
塗装色指定
仮設工事
仮設トイレ，防じんネット張り
足場設置
解体工事
和室内部・バルコニー
トイレ：内外部　洗・浴：内部
キッチン：勝手口・窓
寝室・書斎・子供室
カウンター・収納
玄関：収
キッチン
基礎工事
母室・トイレ
UB土間コン
木工事
下小屋加工・現場搬入
構造材・造作材加工
母室既存部：
床組・壁・壁補強・天井下地
母室増築部：
建方・外壁下地・サッシ
外壁・バルコニー：
床・壁
トイレ：建方・外壁下地
床・壁・天井・サッシ
洗面：床・壁・天井
勝手口枠・サッシ
寝室・納戸：
壁補修
床収納
収納枠・内部
子供室：
収納枠・内部
給排水工事
母室
トイレ・洗面・UB
UB接続
電気工事
分電盤仮移設
コンセント増設
ガス工事
温水床暖房配管
水回り配管
給湯器取付け・検査
UB・洗面・キッチン接続
板金工事
樋は
塗装工事
バルコニー：下処理FRP防水
外壁洗い
外壁補修
外部木部
内部木部
左官工事
母室・バルコニー：
外壁モルタル
トイレ：外壁モルタル
タイル工事
建具工事
ユニットバス
UB据付け
造作家具工事
内装工事
掃除・その他
荷物移動
和室⇒LD・物置・処分
洗面室⇒2Ｆ洗面室
洗濯機⇒ベランダ
たんす3棹・子供室⇒母室
デスク⇒ベランダ
ベッド⇒重ねる
玄関⇒母室・

母室：おばあちゃんの部屋　UB：ユニットバス　----：養生期間

登場人物を紹介します

枝川大輔（46才）
大樹建設の設計・現場管理担当部長。春野邸の新築工事のときには監督補助をしていたそうです。今回は，設計から施工に至るまでの責任者です。

内野　彩（27才）
私，IC（インテリアコーディネーター）の仕事に魅せられて，家電メーカーでの勤務を経て，現在の大樹建設に入社しました。
設計のアシスタントをしながら資格を取りましたが，まだ現場経験がなくて…。でも今回初めてリフォーム工事を担当することになりました。ICとして早く一人前になれるようガンバリます！

大樹知子（47才）
社長夫人。ICのノウハウは独学で身につけたとか…。ICの先輩として何でも相談にのってくれる，気さくでやさしい私の強～い味方です。

大樹　豊（52才）
大樹建設社長。住宅リフォームの需要にともない，ICの必要性を強く感じている向上心のある熱血タイプです。そして私を現場へ!!

杉田　翔（32才）
現場監督。入社10年目になります。情報収集にかけては天下一品！　あだ名は“モバイルくん”。現場で頼りになる先輩です。

春野さん一家

夫：英雄（51才）　**妻：みどり**（45才）

長女：志保（16才）　**長男：英寿**（13才）

夏山葉子（73才）
みどりの母。故郷静岡で一人暮らしをされていますが，ついに同居を決意!?

秋山茂樹（54才）
大工の棟梁。頑固だけど腕はたしか！　頼りになる方です。（顔はコワイけど…）

＊この物語は創作です。登場する人物，団体名は実在のものとは一切関係ありません。

はじめまして
内野　彩と
申します♡
こう見えても主役です♡
この本に興味を
持ってくださったすべての
方々に感謝いたします
あ…そこの
貴方!
立ち読みせず
買って読んでネ!

1章

リフォーム相談

さて
インテリアコーディネーター
略してICとは
いかなる仕事やら
またいかなる心得が
いるものやら…
興味津々でしょう?
最後までおつき合い
ください
この物語は
可憐な乙女の
汗と涙の
感動巨編です!!
うそです!
マンガ家

大樹建設
ビル
プァーブ
あのお客様 新築のとき社長が 現場管理したお宅の ご夫婦なのよ
へえー社長が… 今日は何でしょうね？
たぶんリフォーム じゃない？ 築15年だし
アレが きいたかもネ！
社長夫人 知子
だといいですね！
アレとは私が 販促用に作り地域の お客様を中心に配った 『シルバーライフを楽しむ リフォームプラン』という 小冊子のことです

一応、例の資料2点揃えといて！
はい！
リフォーム工事のタイムフロー
リフォームのための住まい方チェックリスト
知子さんの予想通りでした
春野夫妻から増築を思い立ったいきさつや現在の住まいの状況、プランなど一とおりのことを聞き終わると…
……
お話はわかりました
すっく
では、似たようなケースの事例をご覧にいれましょう！
資料を用意させますので…
春野案

お待たせしました！
スタッフを一人
同席させて
いただきます！
は…はじめまして
内野と申します！
ドックン
ドックン
おちつけ
おちつけ
おちつけ
施工事例集
大樹建設株式会社
相談に近い事例の
施工写真集を一枚ずつ
春野夫妻の表情を
確かめながら説明する
社長の話術はさすが！
って感じです
社長は、思いつきや
流行にとらわれずに
じっくりプランを
練ってから工事に
取りかかることを
提案し――
プランの着手から
リフォーム完成までの
ひと通りの流れを
例の小冊子に書かれている
『リフォーム工事の
タイムフロー』に沿って
説明していきました

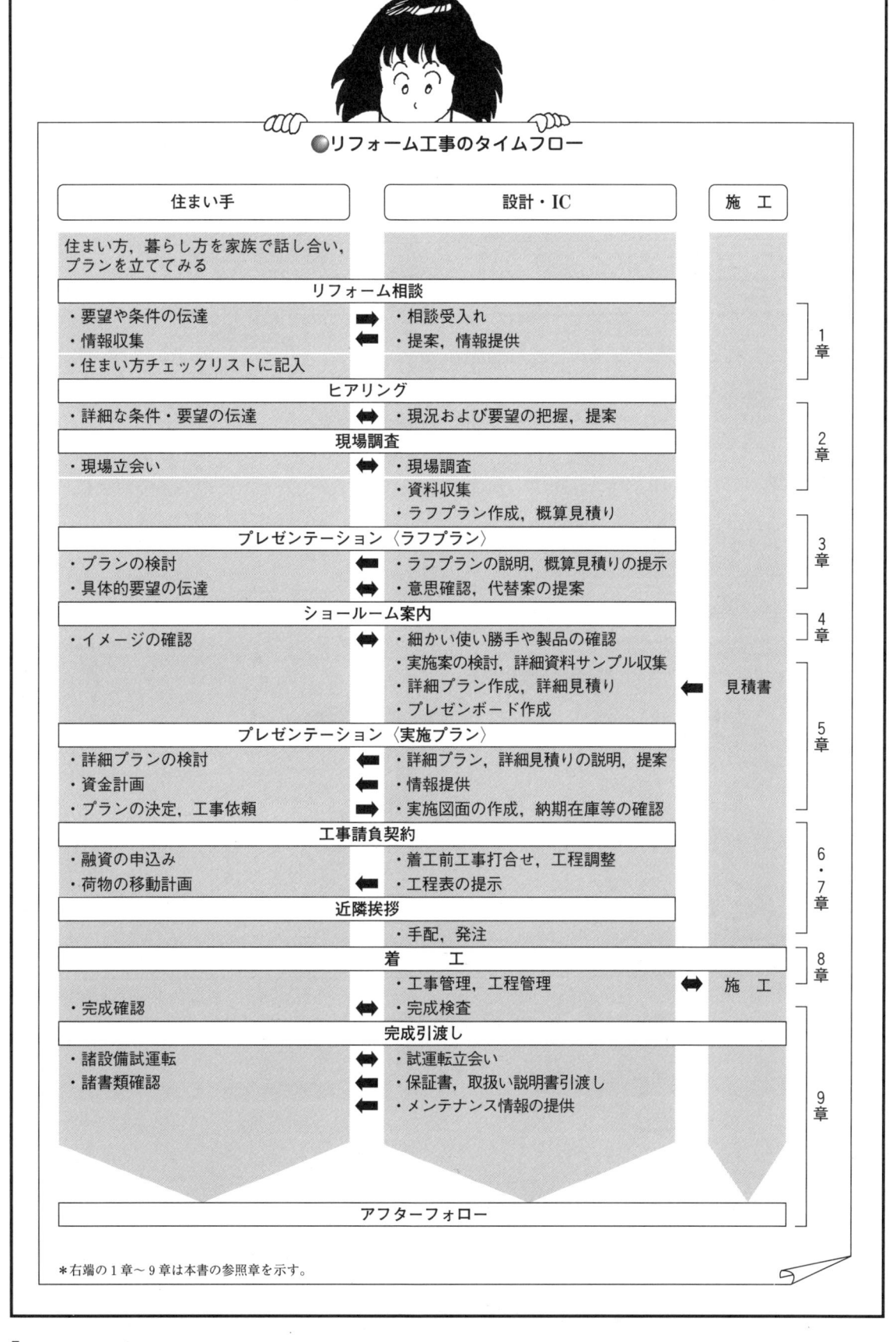

リフォーム工事のタイムフロー

住まい手		設計・IC		施　工	参照章
住まい方，暮らし方を家族で話し合い，プランを立ててみる					
リフォーム相談					
・要望や条件の伝達	➡	・相談受入れ			1章
・情報収集	⬅	・提案，情報提供			1章
・住まい方チェックリストに記入					1章
ヒアリング					2章
・詳細な条件・要望の伝達	⬌	・現況および要望の把握，提案			2章
現場調査					2章
・現場立会い	⬌	・現場調査			2章
		・資料収集			2章
		・ラフプラン作成，概算見積り			3章
プレゼンテーション〈ラフプラン〉					3章
・プランの検討	⬅	・ラフプランの説明，概算見積りの提示			3章
・具体的要望の伝達	⬌	・意思確認，代替案の提案			3章
ショールーム案内					4章
・イメージの確認	⬌	・細かい使い勝手や製品の確認			4章
		・実施案の検討，詳細資料サンプル収集			5章
		・詳細プラン作成，詳細見積り	⬅	見積書	5章
		・プレゼンボード作成			5章
プレゼンテーション〈実施プラン〉					5章
・詳細プランの検討	⬅	・詳細プラン，詳細見積りの説明，提案			5章
・資金計画	⬅	・情報提供			5章
・プランの決定，工事依頼	➡	・実施図面の作成，納期在庫等の確認			5章
工事請負契約					6・7章
・融資の申込み		・着工前工事打合せ，工程調整			6・7章
・荷物の移動計画	⬅	・工程表の提示			6・7章
近隣挨拶					6・7章
		・手配，発注			6・7章
着　　工					8章
		・工事管理，工程管理	⬌	施　工	8章
・完成確認	⬌	・完成検査			9章
完成引渡し					9章
・諸設備試運転	⬌	・試運転立会い			9章
・諸書類確認	⬅	・保証書，取扱い説明書引渡し			9章
	⬅	・メンテナンス情報の提供			9章
アフターフォロー					9章

＊右端の1章～9章は本書の参照章を示す。

……ということですが
感服!
まあ、プランに取り掛かる前に春野さんご家族の生活設計や暮らしを細かく整理することから始めていきませんか!
えっ?
?
ス。
この小冊子に目を通しながらもう少し私の説明におつき合いください!
シルバーライフを楽しむリフォームプラン
……
……
……

リフォームのための住まい方チェックリスト

このチェックリスト(例)は
住まいや**暮**らしに**関**する
意識や**要望**を**住**まい**手自身**が
記入するところがポイントです！
つまり、**住**まい**手側**にとっては
設問に**答**えることによって
考えの**整理**に**役立**つ
というわけです！
また、**設計者**やＩＣにとっては
このリストの**内容**をいかに**適切**に
把握分析するかが**今後**のプランの
出来にかかわってくるんです!!

リフォームのための住まい方チェックリスト

様　　平成　年　月　日 現在

基本事項

ご住所 〒

TEL　　　　FAX

E-mail

家族の状況	お名前	年齢	職業・学校	趣　味	特殊事項・持病など
夫					
妻					

該当項目を○で囲み，必要事項をご記入ください

住宅の状況

建築時期：　年　月　　設計・施工者（社）：
入居時期：　年　月
これまでに増築・リフォーム工事をしましたか
1 増築した（　年　月頃）2 リフォームした（　年　月頃）3 してない

敷地面積：　m^2（　坪）
所有地（個人所有　共有）　借地（使用賃借　賃貸借）
床面積：合計　m^2（　坪）
地階　m^2（　坪）　2 階　m^2（　坪）
1 階　m^2（　坪）　3 階　m^2（　坪）

新築あるいは増築時の建築確認通知書の有無　ある　ない
新築あるいは増築時の図面の有無　ある　ない

予算の目安：　万円

該当項目を○で囲み，必要事項をご記入ください

リフォームの動機

1 居住空間を広くまたは使いやすくしたい
　リビング　ダイニング　和室　寝室　子供部屋　その他（　　）
2 水回りの空間を広くまたは使いやすくしたい
　キッチン　浴室　洗面室　脱衣室　トイレ　その他（　　）
3 個室・趣味の部屋をつくりたい
4 和室を洋室に変えたい
5 洋室を和室に変えたい
6 間取りは変えないまま室内をきれいに使いやすくしたい
7 収納を使いやすく，容量も増やしたい
8 設備機器などが故障したことをきっかけに設備を見直したい
9 台所を使いやすくするために，設備を取り替えたり，周辺もきれいにしたい
10 地震に備えて補強したい
11 安全性を見直し，バリアフリーにしたい
12 家の老朽化が気になるので，よく調べて改修したい
　外装　内装　リビング　ダイニング　客間　寝室　子供室　キッチン　浴室
　トイレ　洗面所　ユーティリティ　その他（　　）
13 子供がひとり立ちしたので，夫婦だけの暮らしに合うようにしたい
14 家族構成が変わること（子供の結婚など）に対応した使い勝手に変えたい
15 その他（　　）

要望調査

現在のお住まいで不満に感じている項目に○をご記入ください
1 狭い
2 汚い
3 間取りが良くない
4 生活の様式に合わない
5 設備が古い
6 収納が少ない，あるいは使い勝手が良くない
7 家族のプライバシーが保ちにくい
8 来客の時が不便
9 個室が足りない
10 安全性に不安
11 日当り，通風が良くない
12 隣接する家との位置関係が良くない
13 その他（　　）

現在のお住まいで気に入っていることや部分をお書きください
・
・
・
・
・
・

生活調査

生活調査	夫	妻				
起床時間						
出かける時間						
帰宅時間						
家庭での就業時間帯						
就床時間						

該当する項目を○で囲んでください

食事

1 家族そろってとるのが普通
2 朝食はそろうが夕食はまちまち
3 朝食はまちまちだが夕食はできるだけそろうようにしている
4 朝食・夕食ともに家族まちまち
5 食器は多いほうだと思う
6 調理器具は多いほうだと思う
7 食材・食品は，まとめ買いする
8 毎日買い物に行く
9 外食が多い

来客

1 来客が少ない
2 来客の程度

	頻　度	一回の人数
お茶のみ程度	（毎日　時々　月に 1 度程度　年に数回）	（　人）
食事をともにする	（毎日　時々　月に 1 度程度　年に数回）	（　人）
宿泊をともなう	（毎日　時々　月に 1 度程度　年に数回）	（　人）
仕事の打合せ	（毎日　時々　月に 1 度程度　年に数回）	（　人）
子供の友達	（毎日　時々　月に 1 度程度　年に数回）	（　人）

不満ばかりではなく，満足している事柄やこだわり，好きなインテリア，将来の計画や予定，特殊事情，予算など住まい手の住まい方や意識を伝えやすい項目が盛り込まれていることが必要です。

食事・睡眠・休息・排泄・入浴・身繕い・家事・団欒・来客(交際)・仕事・遊びなど行為別の問いかけや，玄関・居間・食事室・台所・寝室・子供室・水回りなど部屋別の具体的な設問も答えやすいでしょう。

家具や家財の大きなものの寸法，ピアノや書棚のような重量物，電源など設置場所に制限があるもの，楽器や美術品など保管に配慮が必要なものについても把握できるようにしておきましょう。

……そうなんですかぁ…ただお母さんの部屋をつくるだけじゃだめなのね…
うん…！この際じっくり考えてみるか!!
恒例により上京したおばあちゃんと新年を迎える春野家
春野
春野
…ってことで急なことで驚いたかもしれないけど
お母さんここで一緒に暮らしていくこと考えてよ！

せっかくだけど…ただねエ…50年も暮らした故郷《ふるさと》を離れて暮らすとなると…
……
みんなの気持ちはありがたいけどやっぱりここに移り住むことは…
大樹建設
それよりホラ！初詣!!早くしないと混んじゃうよ!!

内野君！実は君にお年玉があるんだ
仕事始めの日――
これ…名刺!?
あっ!!
大樹建設株式会社
インテリアコーディネーター
内野　彩
〒227-1234 横浜市青葉区夢が丘 3-5-7
TEL：045-〇〇〇-△△△△
FAX：045-〇〇〇-××××
ICの肩書き入りよ！枝川部長とも相談して設計アシスタントから独り立ちしてもらうことにしたの！
ガガッ
ガンバリマス
さっそくだけどね今日あの春野さんのお宅に同行してくれるか？
おばあちゃんもうすぐ静岡に帰るみたいだしネ…
喜んで同行します！

春野邸
社長はさっそくおばあちゃんの話の聞き役にまわりましたさりげなく話の意図を聞き出して「これから一緒に考えましょう」と相談役を引き受けたんです
おばあちゃんはだんだん心を開いて打ち解け、新しい生活を受け入れる気持ちになったようです

こうして
おばあちゃんは
ひとまず
納得して
静岡へと帰って
いきました
彩は今
ようやくタマゴから
………
わたしゃモスラかっ!!
お!

春野邸の設計・現場管理の責任者は枝川部長と決まり今回の現場に初めてインテリアコーディネーター（つまり私）が加わることになったんです
枝川部長

2章

ヒアリングと現場調査

…特に内野君は初めて担当するわけだからキッチリ確認しておこう！
はい!!

これから契約・着工にこぎつけるか否かは君たち2人にかかっている！こちらの対応に不備がないようにするためにも社内ミーティングは重要だぞ！

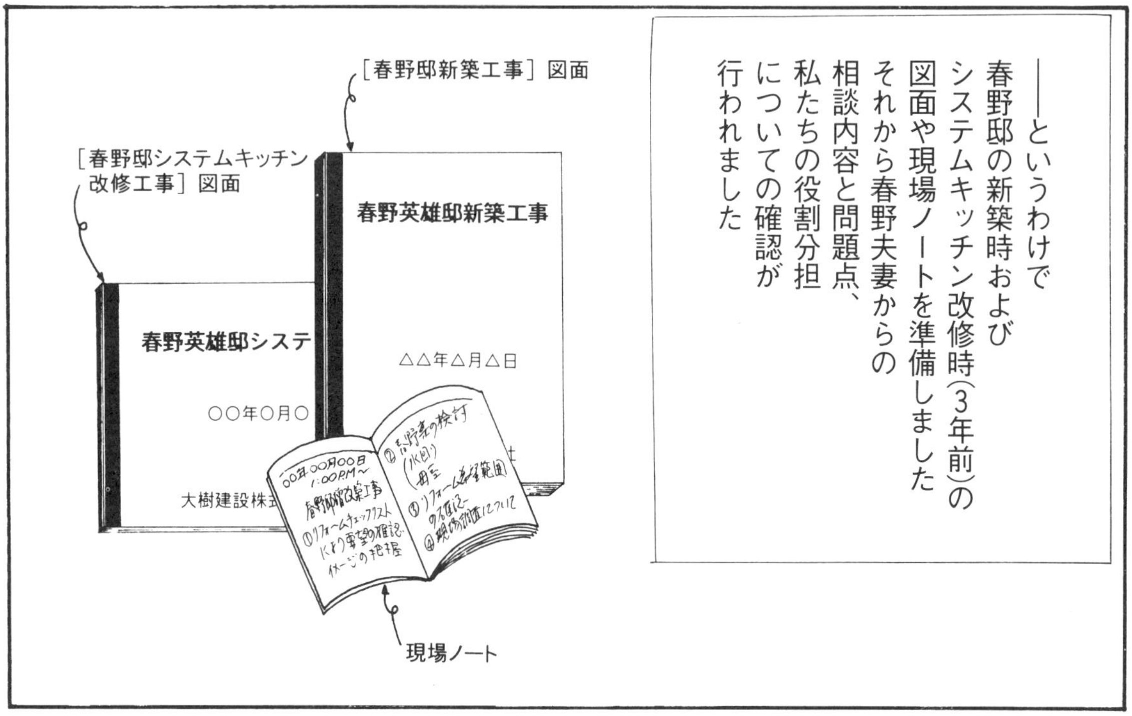
——というわけで春野邸の新築時およびシステムキッチン改修時(3年前)の図面や現場ノートを準備しましたそれから春野夫妻からの相談内容と問題点、私たちの役割分担についての確認が行われました
［春野邸新築工事］図面
春野英雄邸新築工事
△△年△月△日
［春野邸システムキッチン改修工事］図面
春野英雄邸システ
○○年○月○
大樹建設株
現場ノート

そんなときふと昨日のことが思い出されました
どうしたのむずかしい顔して？
はァ…いざ始めるとなると何からとりかかったらいいのか…

そうねェ…そんな時はまず形から入るのもひとつの手よ！
カタチ…？
そう！
えーっとわたしのバッグは…
この中にＩＣ必携の七つ道具が入ってるの参考にするといいわ！
七つ道具？
名刺
デジタルカメラ
電卓
三角スケール
巻尺
携帯電話
筆記用具
それと…プランの手がかりをつかむためにはヒアリングが不可欠ね！
特別にヒアリングの心構えをアドバイスしちゃおうかな♪

ヒアリングのポイント

●ヒアリングの目的

ヒアリングは，住まい手の現状（条件・制約）と将来の生活，その要望や考えを把握し，リフォーム工事の方向性やイメージを認識し，プランの手がかりをつかむために行います。

顧客は
- 希望の暮らしのイメージはあるが，どうすれば実現するか問題点がわからない。
- 断片的な情報をたくさんもっているが総合的につながらない。
- 顧客担当者や施工者に対する期待と不安。

ICは
- 会話や表情から顧客の本音を読み取り，不安感を払拭する。
- 実現に向けての希望を与え，顧客が納得し，信頼につながるような提案をする。

●ヒアリングの心構え

1 ヒアリング前の準備

①**ヒアリングに至るまでの経緯と要点を理解したうえで準備を進める**
事前に，顧客側が家族で十分話し合って記入した「リフォームのための住まい方チェックリスト」の内容に目を通す。
チェックリストの記入内容からは読み取りにくい価値観（こだわり）・嗜好・顧客が求めているイメージなどを感じ取りながら，ヒアリングしたい内容を検討し，提案資料などを準備する。

2 ヒアリング当日—訪問前の確認

①**打合せ時間厳守で，服装・身だしなみに配慮する**
②**持ち物の確認**
ICの七つ道具
（名刺，筆記用具，電卓，三角スケール，巻尺，小型カメラ，携帯電話）
現場ノート
見聞した内容を記録する。図を記入することが多いので，方眼紙が使いやすい。
アプローチブック
ICのセンスをアピールしながら顧客のイメージを膨らませ，折衝を効果的に進めるためのツール。施工事例写真，雑誌のスクラップ，関連カタログ，参考資料などをファイリングしたもの。

そして
顧客情報は
会社に
報告する
こと!!

3 ヒアリング当日—実施のポイント

①**ヒアリングの目的を伝える**
ヒアリングを行う目的やプランへの効果を説明し，顧客の信頼と参画意識を啓発する。
②**雰囲気づくり***
顧客の要望やイメージを，顧客自身の話から引き出せるような聞き上手になること。建前や見栄ではなく，本音を言いやすい雰囲気づくりを心がける。
つねに住まい手とともに考える姿勢で，顧客に安心感を与えるようにする。
③**家族全員の意見を聞く**
プランの決定権者だけでなく，できるだけ家族全員の考えを聞き，それぞれの暮らしぶりを把握する。
④**言葉づかいの注意**
「サービスいたします」という表現は，無償，あるいは割引と勘違いされるおそれがある。
「〜だろう」，「〜だと思います」という不確実な表現は使わないこと。
⑤**話題について**
宗教・政治などに関する批判や議論，また直接仕事に関係しないプライベートな話題にはふれないようにする。
⑥**顧客への気づかい**
顧客の様子から，疲れや時間を気にするそぶりが感じられたら，早めに切り上げること。
⑦**内容の整理・確認**
ひと通り話を聞き終えた段階で，顧客と一緒に内容を整理しながら，次のことを確認し合う。
- 中心となるテーマは何か
- 部屋別あるいは項目別に，重要度・緊急度・優先順位はどうなっているか

＊初回のヒアリングでは，顧客の漠然としたイメージや矛盾した要望にも，その場で否定したり切り捨てたりせず，ひとまずすべての話を聞き，条件を整理したうえで提案に生かしていくことが望ましい。

ワンポイント
講座1

●報告，連絡，相談の重要性

ICの仕事は，顧客から問合せや意思表示をされたときから始まります。仮に，初めに面談をした人が直接の担当につかない場合でも，顧客にとっては「担当と同じ会社の人＝共通の認識をもっていてくれているはずである」と解釈されることが多いのです。

一刻も早く顧客の信頼を得るためには，あるいは顧客に不安感を抱かせないためには，顧客から得た情報，現場での処理などは社内で認識し合っておくこと，つまり社内のコミュニケーションが重要なポイントになります。

その際のキーワードが「ホー・レン・ソー」です。的確にヒアリングし，適切なプレゼンテーションを行い，その結果，契約に結びつけたとしても，ベテランと新人の経験の差，営業と設計の立場の違いなどでも結果に違いが出てきます。タイミングよく報告・連絡を励行し，すべてを一人で抱え込まず相談する姿勢が，仕事を進めていくうえで大切です。

ホー（報告）
レン（連絡）
ソー（相談）
ね!!

1月半ばの土曜日の午後――
一回目の打合せのため
枝川部長と春野邸を訪問する
ことになりました
知子さんのアドバイスどおり
うまくいくかしら…
さっそく
今回のリフォーム計画に
関しての私たちの
役割分担を伝え
ました
どーぞ
お気楽に…

建築の構造や工事は私が――
使い勝手やインテリアに関することはこの内野が担当します
そう…枝川さんが全部やってくださるんじゃないのね…
インテリアコーディネーターって名前はよく聞きますけど具体的にはどんなお仕事?
はい!お客様のご要望を伺ってより美しく気持ちの良い空間を総合的にバランスよく提案したり住まい手とつくり手の間の橋渡しをしたり――
現場では施工の段取りの調整役であったり…
…といったことができるようになれば一人前だと思います…
広範囲なお仕事なのねェ…
内野はまだ弱輩ではありますが家電メーカーに勤めていた頃お客様相談室で多くの経験を積んでおりしかも研究熱心で機動力も抜群!
きっとお役に立てると思いますよ!!

それじゃ大いに頑張ってもらいましょう！
はい!! それではさっそくですがこちらをご覧ください！
おっ!! ほう！
なるほどこういった資料が揃うとずいぶん現実味を帯びてくるもんだね！
そうですね でも今はまだフルコースのお料理を作るためにレシピをあれこれめくっているあたりです
まだメインディッシュも決まってないの？
そうなんです コースを囲む皆さんのお好みやバランスなど確認をしないと満足のいくお料理になりませんから

そうね… 面白いわ! それじゃ 先に進めて いただきま しょう!!
前もって春野夫妻によって 書き込まれた 『リフォームのための 住まい方チェックリスト』 をもとに 一項目ずつ確認しながら 要点を現場ノートに 記入していきました…
今回の中心は 何といっても お義母さんだから …… あと水回りかな
そお? でもお母さんの せいで暮らし にくくなった なんてことに なると結局かわい そうよ…
そうですね お住まいになる 皆さんが快適で あることで お母様にも 喜んでいただけ ると思います
ところで先日、春野様が お持ちになったプランですが 私どもで検討させて いただいた限りでは 水回りが耐震上好ましい 方法とは言いかねるんです
耐震上ですか… いや、もちろん 素人考えですから …… な?
イメージだけ ですものね 母の部屋だって あのくらいでいいのか… しらねェ?

それでは大まかなイメージだけつかんでこちらでひとまずたたき台を作ってそれからお母様のご意見を聞くことで進めさせていただいてよろしいでしょうか
…現在おおむね健康…っとお母様の暮らしぶりなどを伺って…そうですねひととおり伺いました
で…あーでこーで
春野夫妻のメモや言葉だけではなくその言葉の背景も読み取らなくちゃって思うけど今は言葉をそのまま聞き取るだけで精一杯！限られた時間の中でいかに的確に本音を聞き出すかがこれからの課題よね今回は枝川部長が絶えずフォローして潜在的な要望をうまく導き出してくれたからスムーズに進んだけど…
無理ばかり言ってすみませんねェ…
いいえひととおりご意見が出揃ったところでこれまでのお話を整理しますと…

…では
ヒアリングは
このへんで!
引き続き
建物の調査に!!

そうそう!
調査するんです
よね?
今さら何をする
のかって話して
たんですよ
図面はそちらも
お持ちだし…

私どもが
こちらを新築した
時から15年が経過し
その間にさまざまな
変化が建物の内外に
あることが考えられ
ますので…

なぜ現場調査が必要か・その1

現在の暮らしや使われ方と見直し個所の把握，ヒアリングやチェックリストでの問題個所の確認

①大型家電・家具等の寸法・素材・色の把握

②モノの量の把握

③調度品や装飾品などから趣味嗜好・生活意識の把握

④家族構成や生活の変化にともなう設備機器・動線の見直し

⑤使い勝手・安全面での問題点の把握（バリアフリー化の必要性，収納状況）

⑥上水・下水・ガス・電気・給湯などの設備の容量，契約内容のチェック

⑦給排水・ガス・電気・電話・テレビの配線，配管位置の確認

なるほど!
じゃあ、このたんすは
クローゼットをつくれば
必要ないから測らな
くていいのね!
カシャ
ええ
でも一応
収納のボリューム
だけはチェックして
おきます!

なぜ現場調査が必要か・その２

建物本体の経年変化・補修・補強の見きわめ，下地の健康チェック

①老朽個所・傷みの原因の把握（屋根の損傷や劣化による雨漏り，外壁・基礎の傷み，クラック・カビ・結露・漏水等による見えない個所の老朽度の見きわめ）

②耐震補強の要否の判断（昭和56年耐震基準以前の建物）

③水回り（特に浴室）の老朽度の見きわめ

見えないところの診断は難しいでしょう
今回、浴室はいじりますからその際に壁を壊して内部の補修はできます
そのほかに壁の黒ずみや湿気、床下の状況などから推察して改善策をとることもあります
特に1階の押入の下の段や下駄箱の湿気が気になるんですよ!
しっけーな奴!
しっけくん
メモしといて!
あ…はっはい!
床下に強制換気をとり入れたほうがいいかもしれませんね床下の風通しを良くして湿気がこもらないようにするんです
?
コンコン
……
……
コンコン

年月が経つと所によって下地との接着が遊離して浮いた状態になることがあるんです
そうなりますと水がしみ込んだりタイルの割れが生じることがあるのでそれを防ぐ処置が必要なんです
ほぉ～
なるほど…

なぜ現場調査が必要か・その3

増築予定部分の調査・位置・寸法の把握

①採光・通風の確保

②近隣建物等の影響のチェック

③近隣建物の開口部との位置関係のチェック

ここがお母様の部屋を増築する和室ですね

なぜ現場調査が必要か・その4

外部の改修の必要な個所・水はけ等のチェック，近隣環境の変化にともなう見直し個所の把握

なぜ現場調査が必要か・その5

工事実施に関する調査

①道路状況・工事車両の駐車位置，資材の搬入経路・資材置場の確認

②仮設トイレ設置位置の確認

いや～よくわかりました！
そこまで徹底して見ていただけるんでしたら安心です！
春野夫妻を交えての作業は日暮れにまで及びました
ヴオォ

同じ話でも立場や年代、男女によって解釈がずいぶん異なるんで難しいですねェ
二人で行う意義がわかったかい？
はい!!

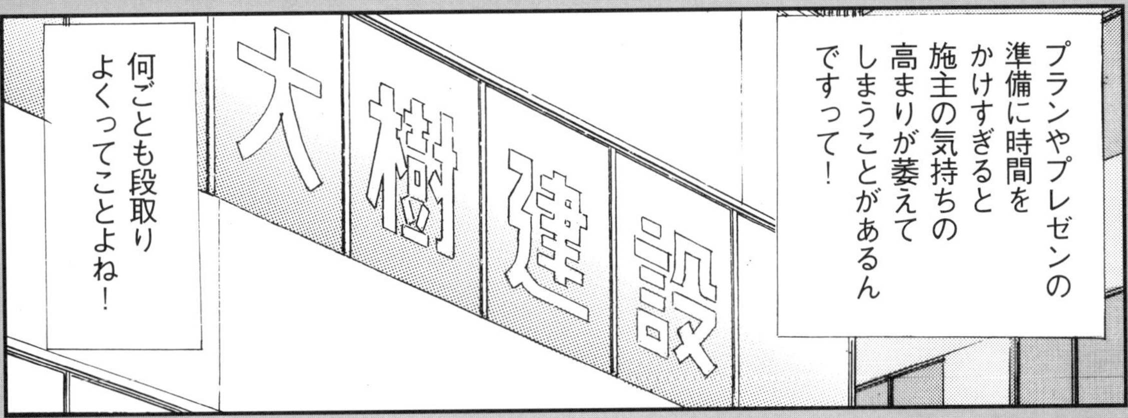
プランやプレゼンの準備に時間をかけすぎると施主の気持ちの高まりが萎えてしまうことがあるんですって！
大樹建設
何ごとも段取りよくってことよね！

3章

ラフプランのプレゼンテーション

ラフプランの作成！
あ～忙しい！
カタログは？

リフォームプランニングのポイント

ヒアリング、現場調査が
済むといよいよこれから
プランに入るぞ!
春野邸は、おばあちゃんと
一緒に住むための
リフォームだけど
プランに取りかかる前に
リフォームプランニングの
ポイントを説明して
おこうか!!

1 顧客や現場から発信されたリフォームのイメージや目的，条件を整理する

ヒアリングや現場調査で見聞した事柄，顧客によって記入された「リフォームのための住まい方チェックリスト」（7ページ参照）の内容を理解・分析し，顧客がどんな条件や目的で何を期待しているかを的確に把握することが大切です。

2 法律上のチェックを行う

確認申請の要否，建ぺい率・容積率のチェック，用途地域と諸制限のチェック，道路の幅員のチェックなど，法律上の規制内容を把握しておきましょう。

また，新築時と条件が変わっている場合があるので許容範囲も確認しておきましょう。

3 検討事項を整理し，効果や工事方法を提案する

①構造に関する提案→耐震補強や顧客が気づかない外から見えない躯体の老朽部分の補修や改善方法，メンテナンスなどについて

②健康を保つ環境としての快適性の提案→通風・日照・採光・断熱・遮熱・防湿・防音・遮音・安全性の見直し，感触・空間の美しさなど五感による効果

③使い勝手としての快適性の提案→動線，配置，収納性，設備の機能・操作性

④住まい手のライフスタイルおよび個性の実現→春野家らしさの表現

⑤10年先のライフステージの変化も見込んだ使い勝手の見直し→安心して住み続けるためのしつらえ，バリアフリー化

⑥住まいや設備のライフサイクルの変化を見込んだ計画→部分や目先のことだけでなく，10年先のライフサイクルの変化も見込んだ耐用性，経済性，省エネルギー性，環境への負荷をも配慮した住まい全体の計画として捉え，施工性，予算との兼ね合いをも考慮し，優先順位を顧客とともに検討

4 仕上材・設備機器等は，最新資料により性能，使用実績，施工性，メンテナンス性も合わせて検討する

5 概算の見積りは，部位別にわかりやすく作成する

工事別ではなく，部位別（部屋別）に提示したほうが顧客には理解しやすく，予算との調整もはかりやすいものです。

高齢者対応リフォーム
工事設計のポイント
については5章で詳しく
解説します!!

春野さんの？
ええ いい時期でしたね 建物の見直しとしては
そうね… 15年前はまだ家財も少なく収納も十分だったんでしょうけど子供の成長とともに家具や道具類も増えてるでしょうね
しかも おばあちゃん同居で家族も増える…と
今回のリフォームのテーマは お年寄りのための配慮とともに使いやすい収納への見直しがキーポイントじゃないかしら！

もうひとつは
おばあちゃんの
心の負担に
ならない気配り
ね…
心の…か…
シーンコクダナァ…
「やっかい
かけるかも」と
「がまんしてるのよ」
の2種類あります
よね
コンセプトや
問題点を
書き出して
それぞれの
意見を出し
合おうよ！
彩ちゃん
ボードに
書いて!!
はい！
あとは…
春野家の
要望として
来客の宿泊
スペースの
確保ですね
春野邸リフォーム工事の重点項目
・おばあちゃんの安全・快適空間づくり
・水回りの充実
・働き盛りの夫婦のくつろぎ空間
・収納の見直し
・メンテナンス－耐震補強*，老朽個所補修，補強

＊**耐震補強**：筋かいや壁量の不足，柱や土台の損傷により，地震による倒壊を避けるために，補強を行って耐震性を高める工事。

えーっと
ご夫妻の案では…
おばあちゃんの部屋を
和室に隣接させて…
だったけどあれは?
あの件は
やっぱり
難しいですね……
敷地の南側の
スペースに余裕が
ないこと
和室が暗くなり
使い勝手がよくない
こと… トイレが
遠いことなど
マイナス面が多くて
…
ご夫妻には
なんですが
今回不採用
です
そうね…
で、私は和室部分を
南側に拡張した
洋室を提案して
みました
彩ちゃんにとりあえず
内部レイアウトを
2プラン
つくってもらい
あちらの反応を見る
つもりです
おばあちゃんの
暮らしぶりが
わからないので
相反する提案を
して意向を伺って
みようと…

うん！
いいね!!
水回りについては
春野案では
構造上に問題が
あるから別の方法で
おばあちゃんにも
ゆっくりバスタイムを
楽しんでもらえる
プランを考えよう!!

その後作業は急ピッチで
進められました
バリアフリー仕様の最新の
ユニットバスや洗面化粧台、
汚れが付きにくい便器等、
数社のメーカーの
カタログから
機能や使いやすさ、省エネ、
手入れのしやすさ、
節水など経済性や環境への
負荷にも気を配りながら
リストアップして
最後はそれぞれの
ショールームで商品を
確認して選んでみました

ワンポイント講座 2

●設備選択のポイント

住宅には，調理・洗面・入浴・排泄・換気・暖冷房・照明・通信・防災などの設備が設置されます。それらは，生活を快適にするためにエネルギーや空気，水などを利用，または処理調節する機器類や安全を確保する機器類です。

住まいの快適さは設備によってもたらされるとも言えますが，技術の進歩によりさらに多機能化・重装備化するなかで，住み手の条件に見合った機器を選択するためには，最新の情報を把握しておくとともに，以下のような細心の配慮が必要です。

1．建物の構造，立地条件，家族構成，ライフスタイルに対応していますか？
2．家族の誰にでも取り扱いやすく，安全ですか？
3．省エネルギー，節水，経済性（イニシャルコスト・ランニングコスト）への配慮はありますか？
4．耐久性はありますか？
5．環境への負荷の軽減に配慮されていますか？
6．必要としない機能（過重装備）が多く盛り込まれていませんか？
7．手入れのしやすさに配慮されていますか？
8．インテリアとの調和が図られていますか？
9．運転音（静音性），設置位置，近隣への配慮はされていますか？
10．施工性はよいですか？

♪ルン
壁はこれで…と
楽しそうだね！
フリーハンドの図面に着彩し造付けの家具のスケッチを描き添えているとなんだか自分の家をつくってるみたいで!!
ホール
ダイニング
リビング
テラス
おばあちゃんの部屋
フリーハンドって素人にもわかりやすいしあたたかみもあるよね！
わかってくれるかなァ……
プランニングが進み、枝川部長に構造、施工ともに問題ないかをチェックしてもらって初めて概算見積書の作成を手伝いました
リフォームの見積りは新築の見積りとは違って既存部分や新旧取合い部分の手直し費用や解体処理費用、解体してはじめてわかる老朽部の処理費も含まなければならないんですって
そして明日は一回目のプレゼン…不安だなァ
で…お願い！

初回プレゼンテーションのポイント

プレゼン
テーションは
顧客の要望を
どのように実現
させるかを提案・啓蒙し
理解・納得に
導く作業のことで
そのポイントは…

1 初回のプレゼンは１個所２～３案の提案で，顧客の反応をみる

顧客が何を期待しているかを迅速に把握し，顧客に比較検討してもらう余地を与えながらプランの方向性を絞り込むことが必要です。

2 持ち物の量と収納の容量をチェックし，収納のノウハウの提案や資料の準備をする

収納を使いやすくすることは，リフォーム成功の鍵です。

3 持込み家具・家電機器の寸法・イメージを理解し，設置位置や使い勝手について提案する

顧客の住まいについてのこだわりや持ち物について，ICがいかに理解しているかを伝えることは，信頼感獲得の第一歩です。

4 イメージが伝わりお互いの意思疎通がスムーズに展開することが先決

一度ですべてを読み取れないほど詳細な設計図面（平面図・立面図）より，素人にはスケッチのほうが理解しやすいものです。

5 誰にでもわかりやすい言葉づかいで話す

専門用語を使う場合も，日常用語で説明を添えましょう。

6 概算見積りの提示は，提案書やプラン図を十分理解したあとで行う

先に見積書を提示すると，顧客にとっては金額ばかりが気になって，提案やプランの良し悪しの判断がつきにくくなる可能性があります。

7 顧客の立場で不満や不安を削減し，顧客の気づかない部分のアドバイスも心がける

顧客は，プランそのものの良し悪しとともに，本当に安心して住まいづくりを託せるかどうかの手がかりをつかもうとしているのです。

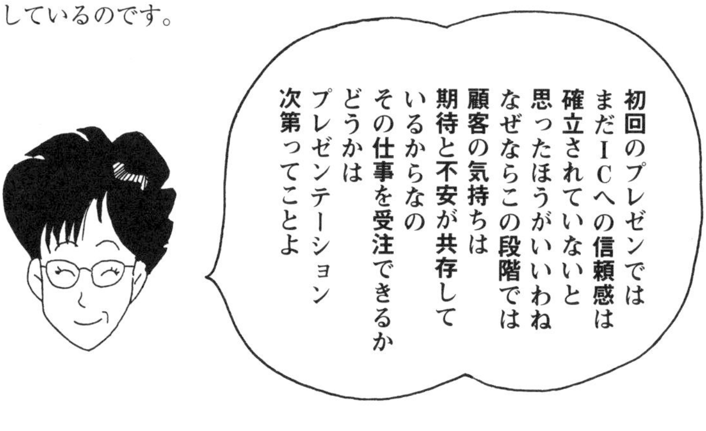
初回のプレゼンでは
まだＩＣへの信頼感は
確立されていないと
思ったほうがいいわね
なぜならこの段階では
顧客の気持ちは
期待と不安が共存して
いるからなの
その仕事を受注できるか
どうかは
プレゼンテーション
次第ってことよ

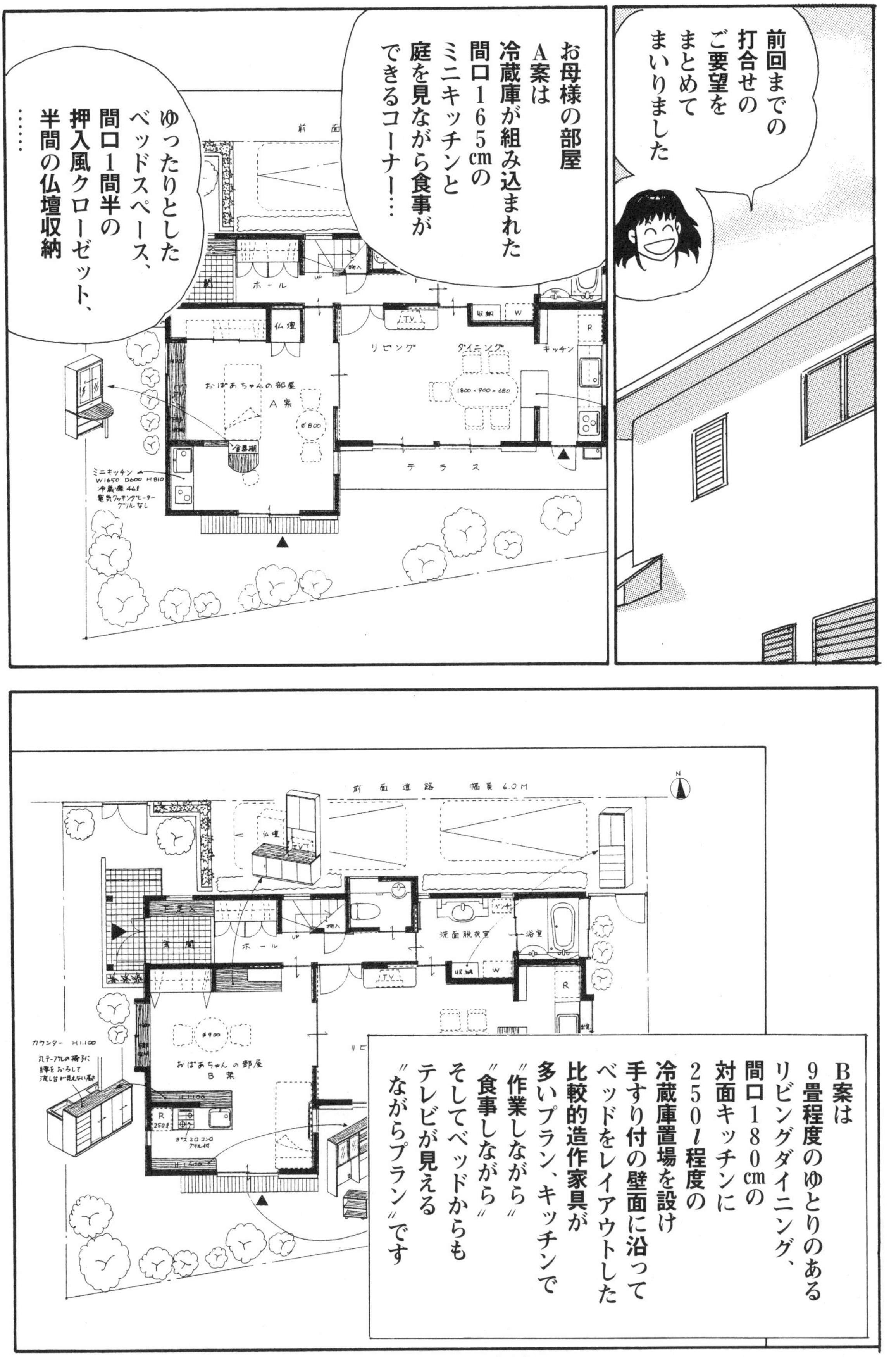
前回までの打合せのご要望をまとめてまいりました
お母様の部屋A案は冷蔵庫が組み込まれた間口165cmのミニキッチンと庭を見ながら食事ができるコーナー…
ゆったりとしたベッドスペース、間口1間半の押入風クローゼット、半間の仏壇収納……
B案は9畳程度のゆとりのあるリビングダイニング、間口180cmの対面キッチンに250ℓ程度の冷蔵庫置場を設け手すり付の壁面に沿ってベッドをレイアウトした比較的造作家具が多いプラン、キッチンで〝作業しながら〟〝食事しながら〟そしてベッドからもテレビが見える〝ながらプラン〟です

＊A案・B案：139ページ「上：ラフプランA案，下：ラフプランB案」参照。

そうだなァ
オレだったら
こっちが
楽だな！
パパのこと
聞いてん
じゃない
のよ!!
あ、いや…
だから
こっちが楽じゃ
ないかって
ことだよ…
でも
おばあちゃん
こういうとこ
好きじゃないと
思うな
そうそう
変にこだわ
るのよ…
しかし…
ワイ
ワイ
だからァ…
そーじゃなくて
次回にプランの
絞り込みへ
展開するつもりで
つくったけど…
なるほど、いろいろ
参考になるわ！
家族も
見解が
さまざまだし
…
インテリアは
さまざまな
モノの集合体でしょ
専門知識のない人に
図面から完成後を
イメージしてもらう
ことは難しいのよね！
だからスケッチや
カタログを駆使して
できるだけわかりやすく
専門用語を使わずに
ゆっくり説明、提案
することが
必要なんです！
水回りは
できる限り
お母様の
安全を配慮
しました
路 幅員 6.0M
ベンチ
洗面脱衣室
浴室
収納
W
R

このベンチね
なんでこんなの あるんですか？
あっ、こちらは まだご縁がないと 思うんですけど お年をめされた方が 安心してお風呂に 入れるようにと 思いまして…
腰をかければ 衣服の着脱が 楽にできますし お風呂上がりに ちょっとひと休み などというときにも 役立ちます！
へぇー
…収納も使い勝手を 中心に見直して みました
その後もプランの 意図が伝わるよう 用意したカタログや 資料の解説をまじえ ながら説明を続け ました
そのかいあってか、最初は 不安な表情を浮かべて いた春野夫人もだんだんと なごやかな表情へと変わっ ていくのがわかりました
少しは信頼 してくれたの かな…？
でも すべて順調と いうわけには いきません
ひとつだけ 要望に応え られなかった ことが宿泊 スペース なんです……
どういった方が どのくらいの 頻度で泊まら れるのかを 改めて お伺いしたいの ですが…？

そうねェ…だいたい主人の会社関係で忘年会とか…
そうだよな…親せきも含めて年二、三回くらいか
そーね
そうですか…それでしたら客間というよりもそういった用途に使い分けられるコーナーを作りソファーベッドなどを使われたほうが現実的ではないでしょうか？
そうね…
予算喰わない方向ならありがたいよ！
今、ご予算の話が出ましたので申し上げますが…
ヒアリングのときにはまだご資金の見込みがついていなかったこともあり部屋別の見積りは一般的な仕様で算出しております
あぁ…そうですかではこの数字は参考ということですね！ついでといっちゃあなんですがお義母さんの所はいいんですがここの床暖房ね…まあこれだけ広くて年寄りも使うということで提案いただいたんだろうが必要ありますかね？

こちらは北側ですし温度差は体によくないという配慮ですが…
ん～置型の暖房でいいと思うな冬の風呂に入るときだけのためならなァ
そうですね…
とりあえずそういったご意見も含め、皆様とよく話し合っていただきたいと思います
ほかにございますか？
そのほかトイレに装飾鏡を掛けるために窓の位置の変更がありましたが…
春野夫人にも大筋受け入れてもらえたようでこれから具体的に検討を始めるって言ってくださったんです!!
それからお手持ちの品物の量とプランのなかの収納容量が適当かどうか部屋ごとにチェックしてみてください！
全体のボリュームでいいのね？
五月人形
問題は今まで和室の押入にしまっていたお雛様や五月人形の収納をどこにしたら？

年に1度しか出し入れしないので物置では？
あっ!?
いや！
？
お雛様に高温と湿気は厳禁！家庭用物置は温度や湿度のコントロールができません…
まっそれはどこか適当なところを考えましょう
です
リフォームは物の整理の絶好のチャンス！これからの暮らし方に合った収納の見直しをお勧めして一回目のプレゼンは終わりました
ふぅ～お疲れさま!!
ところで私のお雛様どこにしまってあったっけ……？

ヒアリングからプレゼンと
お互いの気心やこだわりが
通じ始めた頃を
見計らって
図面やカタログでは
わからない質感や
設備機器の操作性を
体験していただこうと
春野夫人をショールーム
へとお誘いしたんです

4章

情報の収集と確認

商品に関する情報って
プロでもよほど
アンテナを張ってないと
気づかないうちに
更新されて取り残されて
しまうでしょ！
だからショールームに
行くことは顧客のため
だけでなく
私自身の情報収集の
意味もあるの！
それに生活者ならではの
反応や発想が聞ける
いいチャンスだしね‼

エイブル
オ2ビル
英会話
英会話
前にね カーテンを 新しくする時 ショールームに 行ったんだけど すっかりくたびれ ちゃって…
ええ 種類が多くて 目移りしますしね… でもカタログからでは わかりにくい使い勝手や つくりの良し悪し、 材質感も確認できますし 専門のICからの アドバイスも 聞けますから！
まずは 母の部屋で使う ミニキッチンね！
ひと通りの機能と コンパクトに収まり 使い勝手が良い ものともなると 限られてきます
使い勝手？
お年寄りにとって フロアユニットの 棚の奥のものは なかなか出し入れ しづらいよう なので引出しが 使いやすいと …
なるほどね…

コンロの幅45cmで
電磁式…
そしてグリル付…
そうなりますと
う～ん
!
ICだ
あるようで
ないものね…
コンロに関しては
後日検討する
ことにして
ひとまず扉、
カウンター、
シンクのタイプと
お好みを伺い
ましょう!
次は水回りの
ショールームです
便器、手洗い、
洗面化粧台と
ひと通り見てまわり
最後に浴室の
コーナーへと
行きました

浴室はリラックスする所であると同時に住まいの中では一番事故が多い所でもあるんです最近ではこのように脱衣室からの段差がなく入口も3枚の引戸になった商品もあります
手すりや蛇口もお年寄りにも使いやすく設計されていますし工事の期間も従来の工法より短くて済みます
わたしねこの壁がプラスチックっぽいのが嫌なの！
タイル仕様のもございますよ！
えっ！ほんと♪
ショールームには年配の夫婦が何組かコーディネーターから細やかなアドバイスを受けていました
リモコンをメガネなしで操作できますか
なるほど…お年寄り自らがショールームへ足を運ぶ時代だもんね私ももっと勉強しなくちゃ！

ワンポイント講座3

●バリアフリーとユニバーサルデザイン

バリアフリーは，階段の代わりに緩やかなスロープを設けたり，つまずきやすい段差をなくすなど，障害をもった人やお年寄りが直面する日常生活上の不便や危険を取り除き，自立した生活ができるように配慮することから始まりました。

欧米に例をみない急速な高齢化が進み，街づくりから公共の建物へとバリアフリーへの改造が行われている日本ですが，住まいの中で過ごす時間が長いお年寄りにとって住まいのバリアフリーは，**住み慣れた家に安心して住み続けられるか否か**がキーポイントです。

ひとくちにバリアフリーと言っても，若くて障害のある人と介助の必要なお年寄りでは，バリアフリーのありようも異なってきます。このあたりが公共空間と個人の住宅におけるバリアフリーの対応の違いでもあります。

しかし，段差がないことは幼児にもお年寄りにも，そして元気な若者にも安全であることに違いありません。また，生活の道具の中で障害者や高齢者用の補助具の中には，一般の健常者が使っても便利でデザインの良いものが少しずつ出回ってきました。このように，**誰に対しても公平で差別がなく，誰もが使いやすいサイズとスペースを持ち，個人の選択や能力に対する広い適応性があるものや空間**を「**ユニーバーサルデザイン**」といい，バリアフリーを超えた認識として捉えられようとしています。

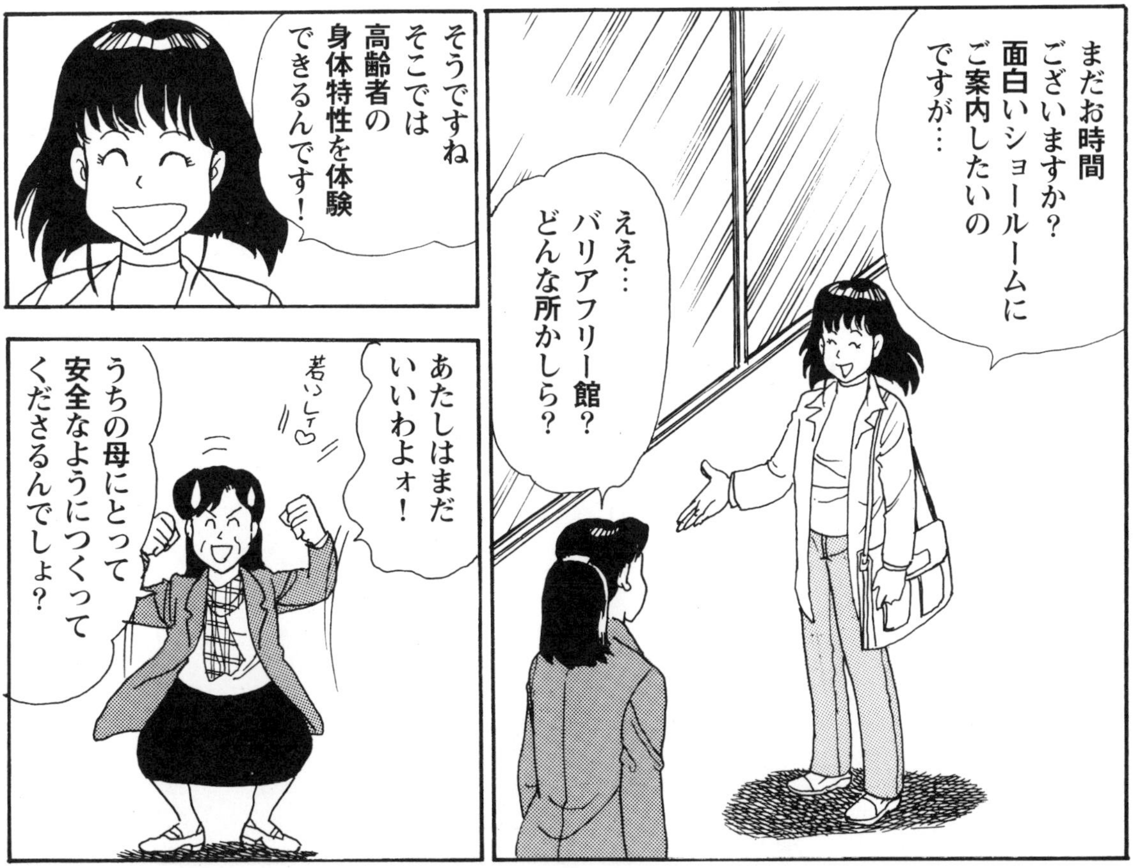
まだお時間ございますか？面白いショールームにご案内したいのですが…
ええ…バリアフリー館？どんな所かしら？
そうですねそこでは高齢者の身体特性を体験できるんです！
あたしはまだいいわよォ！
若いしィ♡
うちの母にとって安全なようにつくってくださるんでしょ？

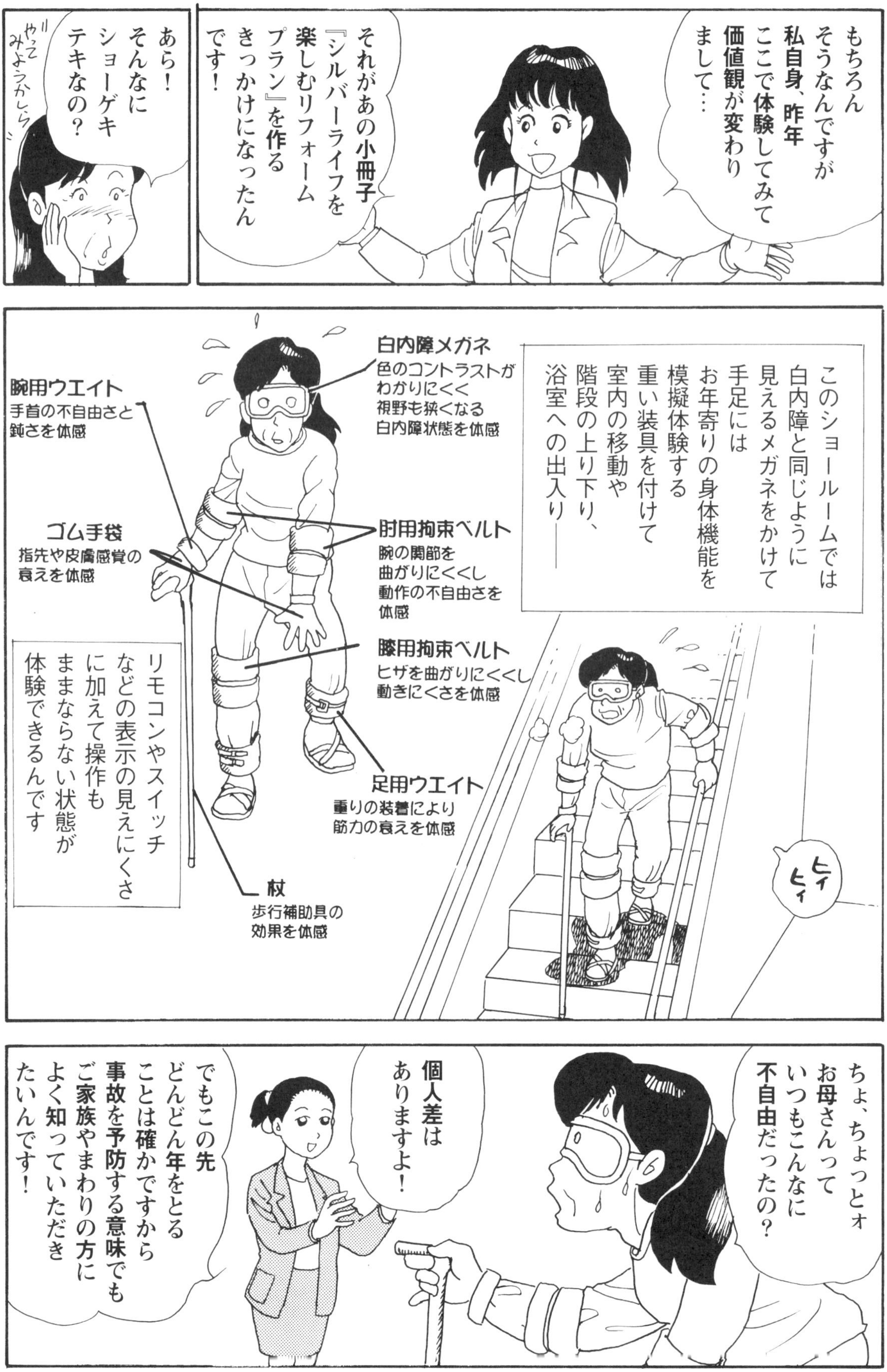
もちろん そうなんですが 私自身、昨年 ここで体験してみて 価値観が変わりまして…
それがあの小冊子『シルバーライフを楽しむリフォームプラン』を作るきっかけになったんです！
あら！ そんなにショーゲキテキなの？
やってみようかしら
このショールームでは白内障と同じように見えるメガネをかけて手足にはお年寄りの身体機能を模擬体験する重い装具を付けて室内の移動や階段の上り下り、浴室への出入り——
白内障メガネ
色のコントラストがわかりにくく視野も狭くなる白内障状態を体感
腕用ウエイト
手首の不自由さと鈍さを体感
肘用拘束ベルト
腕の関節を曲がりにくくし動作の不自由さを体感
ゴム手袋
指先や皮膚感覚の衰えを体感
膝用拘束ベルト
ヒザを曲がりにくくし動きにくさを体感
足用ウエイト
重りの装着により筋力の衰えを体感
杖
歩行補助具の効果を体感
リモコンやスイッチなどの表示の見えにくさに加えて操作もままならない状態が体験できるんです
ヒィ ヒィ
ちょ、ちょっとォ お母さんって いつもこんなに不自由だったの？
個人差はありますよ！
でもこの先どんどん年をとることは確かですから事故を予防する意味でもご家族やまわりの方によく知っていただきたいんです！

雑誌やテレビでは見たことはありましたがこうして実体験できるとわかりやすくて納得できますね！
困っているお年寄りの方にちゅうちょせず手をかせるようになりましたよ
でしょーね
あー楽!! 20才若返った気分だわ！顔も体も!!
ちょっとちょっとオバサンそりゃ言いすぎではなかろーかと……
とまあ、一度にあまり多くを見て回ると疲れて逆効果なんです！
次回は、プランが煮詰まった時点で内装材やカーテンなど窓回りのショールームに案内することを約束して今日は別れました――
もう一つの情報収集手段はセミナーへの参加ですこれは同時に仕事のネットワークづくりでもあるんです!!

基調講演、パネル
ディスカッションと
続き、
貴重な話が
聞けました
特に介護経験者の
実体験にもとづいた
お話はわかりやすく
参考になりました
さぁて
レポートを
書かなくちゃ!!

ワンポイント講座 4

●ネットワークの大切さ

インテリアコーディネーターの業務は，ヒトとモノとコトとが有機的に結びついてはじめて成立します。

ヒトとは，先達やメーカーの技術者，現場管理者や職人さん，それに住まい手などがそれぞれの経験と叡智をもち寄り，ノウハウを提供し合う人間関係のことをいいます。互いに切磋琢磨しながら仕事へと昇華させていくことが大切です。

モノとは，言うまでもなく空間を構成するすべての材料・製品であり，また製品や空間をつくるための機器や道具なども含みます。材料に関する知識，商品情報，流通システム，将来の見通しなどの知識は不可欠です。最近は，商品そのものの性能や使い方だけではなく，環境や健康に及ぼす影響まで視野に入れなければ仕事としては完結しません。

コトとは，すべてのヒトやモノの情報をいかに収集し，分析，活用するかということです。デザイン・製品・業界・市場に関する情報から建築・生活・健康・環境・顧客に関する情報まで，あらゆる分野にアンテナを張っていなければ成り立たない仕事といっても過言ではありません。社会の変化とともにつねに書き替えられる情報を，適時に効率よく収集することも大事な仕事です。

展示会・セミナー・見学会・ワークショップ・業界団体などへの参加によって情報が得られると同時に，そこからネットワークが発生します。ネットワークを生かしてお互いに情報を提供し合い，良い実績をあげることが，次の仕事への一歩となり得るのです。

5章

実施プランのプレゼンテーション

……
リフォームの主人公であるおばあちゃんの情報が不足してるんだ!!
暮らし方や健康状態は聞いているけど直接要望を聞き取っていないんだもんね
リフォーム後の暮らしやその他モロモロ…
どんな家具を持ってって…
──というわけでなんとかお母様にお会いできないでしょうか?
え?本当ですか!
そうなのよ!週末に子供を連れて静岡の母の家へ行くことになったの
そこで質問事項を整理してメモ書きしたものと『リフォームのための住まい方チェックリスト』をお渡ししてお願いすることにしました

……ということでプランはご理解いただけました?
はいはい即席ICさん!
ママはICでもインチキコーディネーターっていうのよ!
なによ!
でねここにお母さんの希望や意見を書き込むのいい?
ふーん
いろいろ面倒ね…どれどれ?

ワンポイント講座5

●思い出のあるものの取扱い

高齢になってから新しい土地で生活をする。家具もカーテンも何もかも新しい物，または馴染みのない物の中で生活をする。このような状況は，高齢者自身が家を新築したり，子供の家に同居したりする際に，ごく一般的に行われていることです。

そして，新生活を始めて間もなくすると痴呆が始まったり，また，お亡くなりになったりということはよく聞く話です。これまでの近所づきあいや慣れ親しんだ生活圏からの断絶などが，大きなストレスになると言われています。

そうならないためには，住み慣れた土地に住み続けることが一番良いのですが，かなわない場合は，慣れ親しんだ家具やカーテン，絵画，小物類など，**思い出のあるものをなるべくたくさん持ち込むことが必要**です。これらをうまくコーディネートして，住まい手の心安らぐ空間をつくるのがICの役割でもあるのですが，持ち込む家具や小物はイメージがバラバラで，全体のバランスや雰囲気を損なうことがよくあります。このような場合，新しい空間のイメージに合ったものを〈見せ〉，そうでない物は〈隠す〉方向へプランニング，またはレイアウトしましょう。雑多なイメージを持つ小物類は，**思い出コーナー**を作ってまとめるのもひとつの方法です。

また，家具類の把手や扉を新しい家具の一部に使用する，椅子は張地のみを新しいイメージの布地に貼り替えるなど工夫し，むやみに新しい物と入れ替えることは控えましょう。あくまでも，**長年身についた習慣は変えにくいということを理解**したうえでプランを進めましょう。

大樹建設
おはようございまーす!
彩ちゃん!FAXきてるよ!
あっ春野さんからだ!こんなに速くやってくれたんだ!
ふんふんなるほど…
春野さんからのFAXにはこのような内容が記されていました
おばあちゃんへのヒアリングの結果です
FAX送信のご案内
大樹建設
内野 彩 様
件名:母へのヒアリングの結果報告
① 原則として食事は別にしたい。冷蔵庫はミニキッチン組込み型ではなくて、250lぐらいの大きなものを。
② なるべく造付け家具を減らして、今使用しているものを使う。
③ ベッドの位置からキッチンの様子がうかがえ、しかもキッチンからもベッドからもテレビが見られる。
以上
平成○年○月○日
春野
……などの要望が出たそうです
テラス側から友達が呼べることやバリアフリーのユニットバスなどは大満足だったそうですそこでB案を少し手直しして欲しいということになり…

ワンポイント講座6

●同居と食事

同居する場合に最も問題になるのは，食事をどうするかということです。

子世帯と親世帯の間に生じる食べ物の好みの違い，味付けの違い，食事の時間帯の違いなど，どちらも妥協しにくい問題です。同居前はうまくいっていた関係が難しくなるケースもよくあります。まさに，「食べ物の恨みは怖い」ということでしょうか。

子世帯，親世帯とも夫婦健在で同居の場合は当然，別々のキッチンを用意しますが，母親一人を呼び寄せる場合でも，**できればキッチンは別々にしたほうが賢明**です。台所仕事の好き嫌いや身体状況にもよりますが，最低間口1,500mm（シンク・調理機器含む）のキッチンと冷蔵庫が置けるスペースは確保しましょう。

同居と同時に**台所を自由に切り盛りする権利**がなくなるのは寂しいものです。自分の好きなものを好きな時間に食べられること，友人を招いてご馳走できる幸せ，食材をそろえ料理をする行為は生きがいにもつながります。母親自慢の胡瓜や茄子のぬか漬けが子世帯の食卓に登場したり，娘の得意料理が母の友人に振舞われたりということが日常的に行われれば素晴らしいことです。

また，たまにはそれぞれがつくった物を持ち寄り，家族そろって和やかに食事をすることも大切です。**親の体調や健康管理を理解する**きっかけにもなるでしょう。

せっせっ
もくもく
どう？プランうまくいっている？
あ…はい
奥さんからおばあちゃんの要望を聞いていただいて
それがはっきりしたことでプランの第一段階をクリアしました次にプラスアルファの部分、つまり私なりの提案に入っていこうと…
楽しいところじゃない？それでお昼忘れてたのかしら！
ギュルルル

高齢者の身体状況と安全対策

高齢者といっても，自立して元気に暮らす人から，全面的に介護を要する人までさまざまです。

加齢による身体機能の低下（生理的な老化）は，緩やかに進行するので，日常生活ではあまり支障はありませんが，高齢者は環境への順応性が低下するため，怪我や病気にかかりやすくなります。

う～ん
ひとことで
お年寄りといっても
身体状況も
対処方法も
いろいろなのね！

高齢者の身体状況別安全対策

<table>
<tr><th></th><th>身体状況</th><th>身体状況具体例</th><th>対処方法</th></tr>
<tr><td rowspan="6">運動能力・生理機能面</td><td>筋力の低下</td><td rowspan="15">●ちょっとした段差でもつまずく
●靴の着脱が難しくなる
●歩くスピードが遅い
●階段でよろける
●動作が緩慢になる
●トイレの回数が増える
●下痢・便秘になりやすくなる
●小さなものがつかみにくくなる
●丸いノブが回しにくくなる
●火傷しやすくなる
●温度の変化に順応できず，血圧が上昇したり，風邪をひきやすくなる
●洗面脱衣など，立ったままでの動作のバランスがとりにくく疲れやすくなる
●高い所の物に手が届かなくなる
●物を動かしたり取り出すのが困難になる
●布団の上げ下ろしが苦痛になる
●早寝早起きになる
●ガスの匂い，焦げつきの匂いに気がつきにくくなる
●暗がりで物が見えにくくなる
●小さな文字が読みにくくなる
●眩しさがつらくなる
●色の識別がしにくくなる
●明暗に対する順応力が低下する
●暗がりを歩くのに不安を覚える
●テレビやラジオの音量を大きくすることで周囲に迷惑を掛ける
●引越し，入転院，家具の模様替えなどで精神的に混乱を起こす</td><td rowspan="15">●動作に必要十分なゆとりをもったスペースの確保
●動線を単純に短くする
●動線上に障害となるものをなくす
①床段差の解消
②温度差の解消
③極端な明暗差の解消
●身体のバランスを保つ助けとなる設備の設置・操作しやすい器具を，手が届くところに置く
●メンテナンスのしやすい設備・装備にする
●安全・快適・衛生に配慮した設備にする
●つねに心理面のサポートが必要</td></tr>
<tr><td>骨がもろくなる</td></tr>
<tr><td>反射神経が衰え，反応が鈍くなる</td></tr>
<tr><td>臓器や組織の機能が衰え，体力が低下する</td></tr>
<tr><td>身体各部が萎縮し，身体寸法が小さくなる</td></tr>
<tr><td>柔軟性が低下する</td></tr>
<tr><td rowspan="7">感覚機能面</td><td>平衡感覚が低下する</td></tr>
<tr><td>眼の調整能力が低下(老眼)</td></tr>
<tr><td>視力低下(老人性白内障)</td></tr>
<tr><td>耳が遠くなり，特に高音域が聞き取りにくくなる</td></tr>
<tr><td>嗅覚が鈍くなる</td></tr>
<tr><td>手足の温熱感覚が低下する</td></tr>
<tr><td>痛みの認識が鈍くなる</td></tr>
<tr><td rowspan="2">心理面・精神面</td><td>記憶機能
• 覚えたことを思い出す能力の低下
• 古い記憶はあるが，新しい記憶を忘れがちになる</td></tr>
<tr><td>気力の衰え，自信喪失によるひがみ，自己中心的側面が現れる
環境の変化への適応性の低下</td></tr>
</table>

高齢者に多い病気には，脳卒中・リウマチ・パーキンソン病・骨粗鬆症・心疾患・白内障・痴呆症などがあげられます。それぞれの症状を理解し，プランニングに生かしましょう。

今回の現場は高齢者に配慮したリフォームのモデルみたいな状況じゃないですか
こうしてあげたい、これならもっと楽させてあげられるって!
うーん そうね…
？
今の話を聞いてて若かりし頃の自分を思い出しちゃったの
それも失敗談! あなたの出鼻くじくわけじゃないけど まあ聞いて!
それはね今回の現場と同じような状況で65才の父親と同居することになった30代後半のご夫婦の仕事を任されたときのことなの…
ご夫婦と相談して家のそこかしこに高齢者を迎えるために重装備を施したけれど父親がやって来るなり「わしは老人じゃない!こんな所に住めるか!!」と言い残して帰ってしまって……
あちこち手すりだらけ!
明るい環境を!
父親と和解して同居したのはそれから一年後重装備をすべて取りはらい部屋を明るい雰囲気につくり変えた後だったの
うむうむ良い雰囲気じゃわい!
ハハ…

……私は大きな勘違いをしていたことに気がついたわ
高齢者って言葉でひとくくりしてしまうのは危険なのよ！あくまでも個人対応だってこと!!

ワンポイント講座７

●高齢者対応はあくまで個人対応

まず，誰にもやってくる老化に備えることから始めます。次に，個々の身体状況に合わせて不具合の個所を補助するための設備・装備を計画するわけですが，採用するかしないかは，あくまでも使い手である高齢者の判断を優先しましょう。

ただ，高齢者自身が徐々に進む機能低下を認識するのはかなり困難なことです。自分の機能を過大評価していたり，長年住み慣れ，使いこなしてきているために，危険な要因に気が付かない場合も多いのが現状です。このようなことを踏まえて計画し，**自尊心や尊厳を損なうような過剰装備にならないようにすること**が大切です。

例えば，廊下の手すりは，元気で日常生活において何不自由なく過ごしているときは邪魔物でしかありませんが，大腿骨などを骨折して，治癒したあとでは歩行になくてはならないものです。しかし，身体のバランスを支えるものが必ずしも手すりでなくてもかまいません。目立たなくしたいのなら，腰板壁の見切り板を手すり仕様にデザインしたものを利用することもできます。

また，すべて建築設備に頼るのではなく，動線上の家具のレイアウトを工夫して身体の補助とすることも考えられますし，歩行補助具を使うほうが良い場合もあります。**身体状況によっても，個人の考え方によっても必要とされる設備・装備は異なってきます。**

高齢者対応リフォーム工事の設計のポイント

高齢者の身体状況は千差万別です。一見して介護用機器とわかる装置や住空間にふさわしくない装備などは，誰しも嫌悪感を抱くものです。また，身体状況は刻々変化しますし，急変することもあります。そこで，設計上の留意点は，見た目には普通の住宅と変わらずに，要所要所で細やかな高齢者対応がされており，いざというときに，身体の不具合を補完する装備が設置できる下準備が施されていることが大切です。リフォーム工事で対応できないものは介護用の機器に任せることも考慮に入れ，状況の変化に対応できるように取り外し可能な工法や設備を採用する工夫も必要です。精神面の配慮がもっとも重要ですが，ここでは高齢者対応の**普通の配慮**についてお話ししましょう。

1 部屋の配置
①高齢者の寝室とトイレはできる限り近くに配置
②家族や友人とコミュニケーションがはかりやすい配置
③プライバシー確保の配慮
④緊急避難などで屋外に出やすい位置

2 廊下幅・出入口幅にゆとりを持たせる
①廊下の有効幅員[*1]は800㎜以上，出入口の有効幅員800～850㎜以上を確保
②出入口は，ドアよりも引戸が使いやすい
③ドアを設置する際には，握り玉[*2]より大きめのレバーハンドルや棒状の取っ手を使用

3 段差をなくす
①敷居・部屋間・トイレ・浴室の段差
②引戸のレールは床埋め込み

4 温度差をなくす
①廊下・トイレ・浴室など居室との温度差が生じやすいところに補助暖房の設置を検討

5 照明は明るく
①普段の照明は，若い人の1.5倍以上の照度で，深夜はまぶしさで目を覚まさない程度の照明を採用
②動線上に極端な明暗差をつくらない

6 操作しやすい設備器具
①スイッチ類は手のひらでも押せる大型のものを，また，明かりセンサー付やタイマー付スイッチも必要に応じて採用
②操作が単純で，大きな文字で書かれた操作盤を採用
③トイレ・浴室に通報装置，または通報設備用の配管・配線
④用途に応じたコンセントの配置

7 明るく元気の出る色づかい

8 使いやすい収納スペース
十分な収納容量を確保し，しまいやすく取り出しやすい収納

9 滑らない床材

10 メンテナンスのしやすい設備・内装材

＊1 **有効な幅員**：幅員=幅。道路の幅・廊下の幅・出入口幅などに使用する。実際に使用可能な幅寸法のことをいう。
＊2 **握り玉**：球状のドアの把手。

今日はこれまで検討してきたプランについて枝川部長をまじえて最終的な調整を行いました――
大樹建設
床暖房はおばあちゃんの部屋だけにして給湯システムは洗面、洗濯、浴室、キッチンの系統とおばあちゃんの部屋の系統を分けよう
あっ…そういえばお雛様や五月人形の収納場所なんですけど…階段の上がったところに奥行250㎜、高さ900㎜の収納をとりましたが
ほかにどこかないですかね…？
そうだな…和室の収納分に見合った容量を確保するには…
…
うん！ここにしよう
寝室
1050
600

えっ⁉
収納付きのベッド？
いいや
寝室の
床下収納
だよ
…
ウィィン
なに想像してん
だよ
これだよ！
ホラ
へーこんなの
あったんだ‼
もちろん
これがあるから
どこでもOKって
わけじゃないよ！
天井の懐には
いろいろ入って
いるんだからね
……
……

図面の読み方

天井と上階の床との間にある空間を**天井懐《ふところ》**といいますが，ここは構造材や設備機器，排気給気ダクト，配管，配線など，いろいろなものが隠れています。したがって，新たに天井にエアコンやダウンライトを埋め込んだり，上階の床下を利用する設備機器を取り付ける場合は，必ず図面のチェックをしなければなりません。

では，実際に春野邸和室の天井懐を見てみましょう。

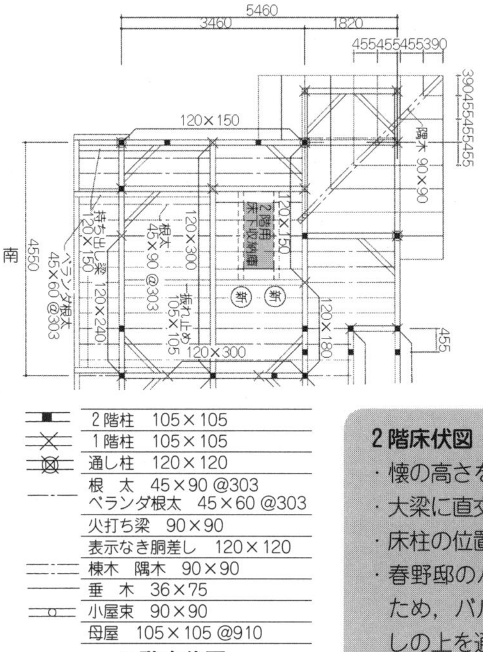

2階床伏図

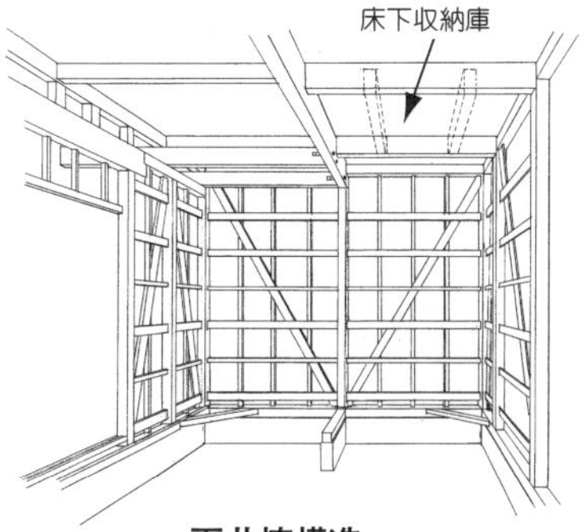

天井懐構造

2階床伏図

・懐の高さを決定する大梁（120×300)が東西に1本。

・大梁に直交した振れ止め（105×105)。

・床柱の位置に頭つなぎ（105×105)。

・春野邸のバルコニーは躯体と一体化した構造をしています。そのため，バルコニーの持ち出し梁（120×150)が南北に掛かり胴差しの上を通り大梁に緊結されています。

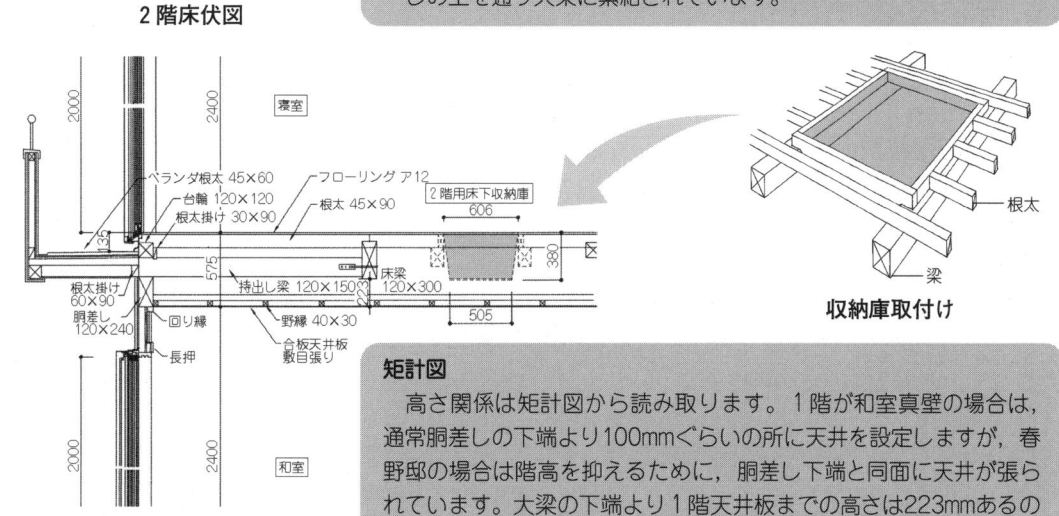

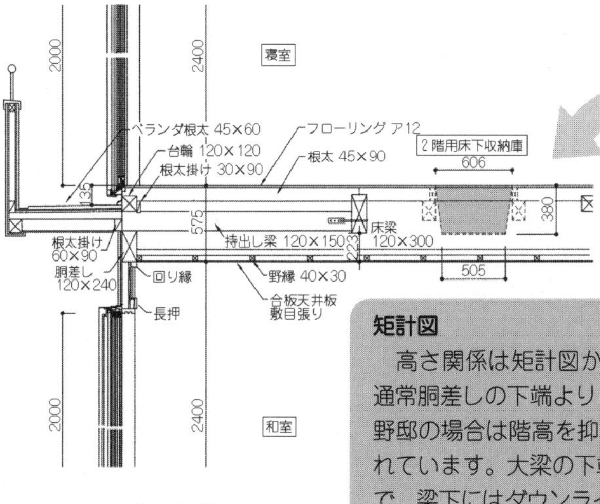

部分矩計図

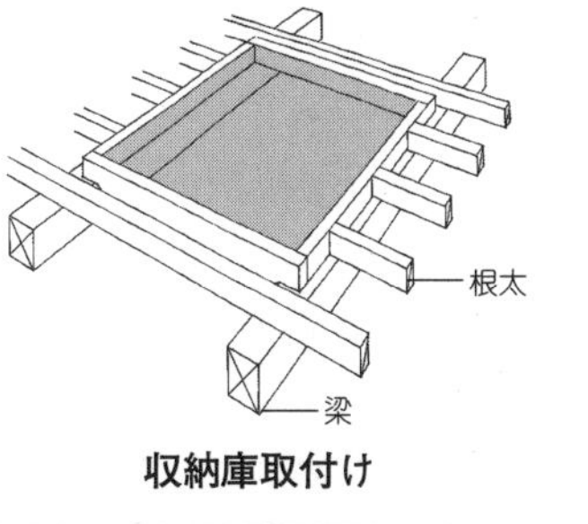

収納庫取付け

矩計図

高さ関係は矩計図から読み取ります。1階が和室真壁の場合は，通常胴差しの下端より100mmぐらいの所に天井を設定しますが，春野邸の場合は階高を抑えるために，胴差し下端と同面に天井が張られています。大梁の下端より1階天井板までの高さは223mmあるので，梁下にはダウンライトも組込み可能です。

2階床下収納庫は，3本の横架材*を避けた位置に，2本の梁を追加して取り付けることにします。取付けに必要な高さは，2階FLから380㎜以上の確保が条件ですので十分余裕があります。このケースでは，設備の配管がないので，2階床伏と矩計のみのチェックで済みました。

*横架材：柱など垂直に使用する構造材に対して，大梁・小梁・床梁・根太など，横に掛け渡して使用する構造材の総称。

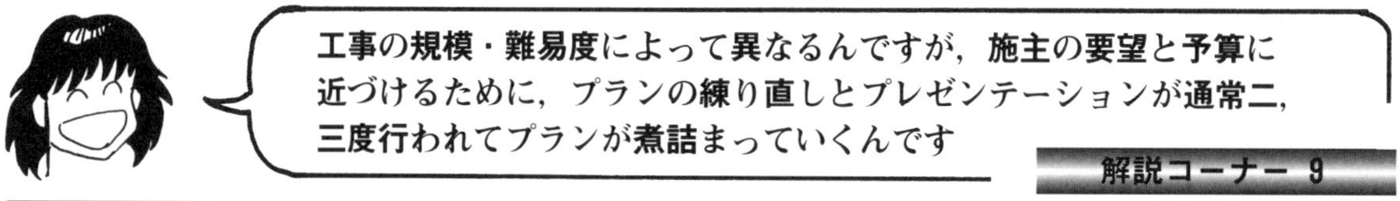
工事の規模・難易度によって異なるんですが，施主の要望と予算に近づけるために，プランの練り直しとプレゼンテーションが通常二，三度行われてプランが煮詰まっていくんです

解説コーナー 9

最終プレゼンテーションに備えて行うこと

①新たに情報，サンプルを収集
②メーカーや納材店に設備の納まり，特注の範囲など不明な点を確認
③設備機器や内装材などは，現物を確認
④壁紙，ファブリックなどデザインの変更が多い物は，決定する前に在庫確認
⑤施主の要望（チェックリストに書き込んだもの）を再度確認する。

そして
最終プレゼン
テーションに
備えて
この5項目は
必ず押さえて
おくこと!!

これらのことを踏まえて，仕上表を作成し，設備機器（キッチン・洗面化粧台・ユニットバスなど）の納入元，造作家具・造作建具の施工店，材工店に対して，それぞれ見積りを新たに，または変更して取ります。出てきた見積りに対して，施主の希望に近づけるように，

プランの練り直し⇔見積り

が行われ，最終決定したものを，プレゼンボードとして具体化します。

最終的に用意される図面・図書類は下表のとおりです。

最終プレゼンテーションで用意する図面・図書類

平面図	• 前回の図面 • 変更後の最終図面
家具・水回り機器レイアウト図	• 平面図に家具，キッチン，給排水衛生器具設備を落とし込んだ図（エアコンなど電気設備を含めると使い勝手がわかりやすい）
展開図・パース・スケッチ・模型	• 施主にとっては平面図だけではわかりにくい。目的に応じて表現方法を使い分ける
造作・特注家具図	• メーカーからの施工詳細図
キッチン設備図	• メーカーからの施工詳細図
空調・床暖房設備図	• メーカーからの施工詳細図
内装仕上表	• 138ページ巻末付録参照
建具・造作家具仕上表	• 建具や造作家具の材質や表面仕上げの種類，取付け金物などを一覧にした表
水回り設備仕上表	• 水回りで使われる設備機器の材質，品名，品番，色などを一覧にした表
内装プランボード	• 内装仕上げにカットサンプルを添付したもの • 特に強調したい部屋・部分がある場合は，パースに内装材を添付する方法がとられる
照明プランボード	• 照明器具の配灯図にスイッチ，コンセント，電話，テレビ，などの位置をマーク。照明器具写真切り張り添付
窓掛けプラン図	• 窓掛けのスタイルを表示したもの

うーん
たくさん準備
しなくちゃ！
この表で
チェック
すると便利
ね!!

……今日は実施プランと詳細見積りのプレゼンです まず枝川部長は前回のプレゼンと異なる点を説明し、
その後部屋ごとのプランの説明を私が担当しました 緊張するなァ！
〈おばあちゃんの部屋〉
1．造作家具の仏壇収納と雑物の収納を取りやめ，仏壇置場は現場造作とし，横におばあちゃんお気に入りのチェストを置く。
2．キッチン前のカウンターをやめ，和だんすと茶だんすを並べる。
3．キッチン後ろの棚をやめ，食器棚（持込み）と炊飯器や電子レンジを載せるワゴンを置く。
4．おばあちゃんご希望の大きい冷蔵庫255lを設置するスペースを確保
5．ベッドの位置を西向き窓側へ。ベッドのあったコーナーに整理だんす（持ち込み）を置く。
6．壁紙を珪藻土に。

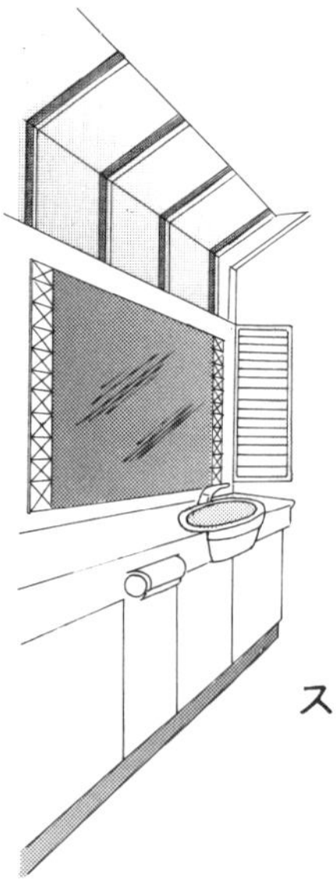

スカイサイド

〈トイレ〉
装飾鏡を手洗い器の前に付けるため窓をスカイサイドにし，通風は両サイドのジャロジーで取るから明るくて快適!!

〈収納の増設〉
２階の廊下収納と，寝室に床下収納をつくる。

〈暖房と給湯〉
床暖房はおばあちゃんの部屋のみ。洗面所は足元温風器設置。給湯器２台と床暖房用給湯熱源機１台を設置する。

足元温風器

珪藻土？
はい！お母様がリウマチだということで調湿作用をする珪藻土を選びました
結露によるカビの発生もありませんし…
この色お母さんの部屋にはふさわしくないんじゃない？もっと渋いほうが…
お年寄りだからといって渋い色がよいとは限らないわけですしこの色はお母様の持ち込まれる家具の色ともよく合います
ふーんでもねえ…
70女にピンクよ？
そうしましたら…
ほかに二、三点加えて後日内野に持たせます
別途お母様にも送っておきましょう
色はまだ急ぎませんので
そのほうがいいわ！
では次に――
コホン

そのほかおばあちゃんへの配慮のベンチ、照明器具、ナイトライト、テレビドアホンの提案には春野夫妻とも喜んでくださいました
さて部屋別の見積内容ですが…
うーん
ピ ピ
予算オーバーで迷う春野夫人の質問のたびに枝川部長はやめる場合どの程度費用が削減できるかを計算すると同時に――
床暖房の快適さやベンチがどんなに必要なものかというフォローをする…
なるほど!
ユニットバスもメーカーを変えれば50万は安くなりますよこちらですが…
そうだなぁあまりケチってあとあとなー風呂は毎日のことだし…

あっそうそう！
ところで……
こういったものを
持ってきた業者が
ありましてね
御見積書
工事名
春野英雄邸リフォーム工事
○○年○○月○○日
見積金額
¥△,△△△,△△△－
＊上記金額に○%の消費税をお加え下さい。
上記の通りお見積り申し上げます。
横檜工務店
！
＊あいみつ…
ですか…
ええ
まあ……
そうですか
いや、相見積りは
施主の当然の
権利ですよ
ちょっと
拝見…
なるほど…
出たばかりの
高級な設備が
満載ですね
すばらしいですね
でも春野さん
私どもでは新商品は
少し様子を見てから
採用することに
しています
新商品の使い勝手や
施工性の良し悪し、
事故報告の有無、
使用者の意見などに
納得がいって
はじめて採用していまして
必ず準備期間を取っています

＊あいみつ：正式には相見積り。内容や予算を比較検討するために，同一の条件で複数の会社から見積りを取ること。

それと高級な設備が必ずしも一番いいものとは限りません
例えばこの携帯電話でもいっぱい機能が付いているらしいのですが私の場合ほとんど使っていませんもっと単純なもので十分なんです
人によっても家族によっても必要なものは違って当然ですよね
そこでインテリアコーディネーターの出番です
そのご家族にとって何が必要で何が不必要なのか…
お書きいただいたようなチェックシートやお話や住まい方を見せていただいて判断して――
また、全体のバランスも考えてプランをまとめるのです

ですから構造、仕上げ、仕様などしっかりと決まっていないと詳細見積りは出せません
私どもの見積りを見ていただくとエリア別にまとめそのエリアで必要とする
工事内容、仕上げ、仕様や設備などがよくおわかりいただけると思います
……
………
さらに……
枝川部長はお茶を飲みほしてまた話を続けました

見積書

従来使用されてきた見積書は工種・工程別に分けられています。これは，工務店にとって外注費管理の面から便利ですが，施工や材料のことに素人である施主にとっては非常にわかりにくく，費用に関するトラブルも多発しています。

工事中の変更が多いリフォーム工事では，個所別・部位別の見積りがわかりやすく，また工事変更にも速やかに対応できます。

●わかりやすい見積書の例（個所・部位別）

リフォーム工事費内訳明細書　工事部位　おばあちゃんの部屋 2　No.4

工事種別	仕様	数量	単位	単価	金額	備考
	ミニキッチン・換気扇共	1	式		154,800	
	キッチンカウンター	1	式		18,000	
	キッチン前パネル	1	式		8,100	
11. 電気・設備工事	新規コンセント	3	ヶ所	2,520	7,560	
	新規アース付きコンセント					
	新規エアコンコンセント					
	新規スイッチ					
	新規 3 路スイッチ					
	新規TV端子					
	新規TEL配管					
	インターホン・モニター付副親					
	新規インターホン配線					
	新規電灯配線					
	照明器具					
	照明器具取付け費					
	センサー・コンセント付ナイトライト					
	同上取付け費					
	新規換気扇配線					
	天井換気扇　材工共					
	キッチン換気扇取付け					
13. ガス工事	給湯機10号　材工共					
	床暖房　材工共					
	エアコン　取付共					
小計						

リフォーム工事費
内訳明細書

リフォーム工事費内訳明細書　工事部位　おばあちゃんの部屋 1　No.3

工事種別	仕様	数量	単位	単価	金額	備考
1. 仮設工事						※外部工事に含む
2. 解体・撤去工事	既設部分撤去処分	1	式			
	残材処分費	1	式		85,500	
3. 基礎工事	増築部分	1			[illegible]	
4. 木工事	構造材					
	建材費					
	造作材					
	大工手間					
	金物費					
5. 塗装・左官工事	外壁左官工事					
	既存取り合い補					
	建具・枠塗装工					
6. タイル工事						
7. アルミサッシ工事	AW-7 オーニング					
	AW-8 引き違い					
	AW-9 オーニング					
	AW-10 引き違い					
8. 建具工事　木製工事	WD-3 なら突板					
	WD-4 なら突板					
	SU-1 クローゼッ					
	同上取付け費 (V					
9. 内装工事	床　コルク					
	幅木　木製					
	壁　珪藻土					
	天井　珪藻土					
10. 雑工事	出窓　材工共					
	仏壇置場，材工					
	クローゼット内					

リフォーム工事費
内訳明細書

リフォーム工事費内訳書

工事名	単位	金額
1　外部工事	1　式	1,897,760
2　1階おばあちゃんの部屋増築改装工事	1　式	3,225,790
3　1階トイレ・洗面・浴室改修工事	1　式	2,426,100
4　2階寝室・納戸・洋室1・洋室2改修工事	1　式	1,088,000
5　玄関ホール・廊下・LDK改修工事	1　式	798,240
6　その他の電気工事	1　式	256,000
7　その他の給配水設備	1　式	284,000
8　その他のガス工事	1　式	43,200
9　耐震補強工事	1　式	120,000
10　外構工事	1　式	124,000
11　運搬費（各工事に含む）		
12　諸経費（各工事に含む）		
総計		10,263,090
値引き		63,090
見積額		10,200,000

大樹建設株式会社

リフォーム工事費内訳書

●わかりにくい見積書の例（工種別）

工事費内訳明細書

工事種別	仕様	数量	単位	単価	金額	備考
1. 仮設工事	足場・養生など	1	式		400,000	
2. 解体・撤去工事	既設部分撤去処分	1	式		230,000	
	残材処分費	1	式		80,000	
3. 基礎工事	和室・洗面室増築部分	1	式		350,000	
4. 木工事	建材費	1	式		510,000	
	大工手間	1	式		530,000	
5. 塗装・左官工事	外壁左官工事　モルタル塗り	1	式		180,000	
	外壁塗装	1	式		650,000	
	内部塗装	1	式		50,000	
6. タイル工事	輸入テラスタイル	1	式		238,000	
7. アルミサッシ工事	高級アルミサッシ AW1～AW10	1	式		563,000	
8. 建具工事　木製工事	輸入引戸	2	セット		168,000	
	その他収納扉：高級タイプ	5	セット		350,000	
9. 内装工事	床　無垢フローリング	1	式		620,000	
	幅木　木製　H＝60	1	式		42,000	
	壁　布クロス	1	式		72,000	
	ビニールクロス	1	式		276,900	
	天井　布クロス	1	式		48,000	
	ビニールクロス	1	式		172,500	
10. 雑工事	高級玄関収納　材工共	1	式		375,000	
	仏壇収納，材工共	1	式		35,000	
	クローゼット内部材工共	5	ヶ所		50,000	
	キッチン収納・カウンター	1	式		367,600	
11. 電気・設備工事	コンセント・スイッチ	1	式		70,000	
	TV・TEL	1	式		24,000	
	照明器具	1	式		160,000	
12. 給排水・衛生設備工事	高級ユニットバス	1	式		1480,000	
	トイレ	1	式		273,000	

リフォーム工事費内訳明細書

工事費内訳書

工事名	単位	金額
1　仮設工事	1　式	400,000
2　解体・撤去工事	1　式	310,000
3　基礎工事	1　式	350,000
4　木工事	1　式	1,040,000
5　塗装・左官工事	1　式	880,000
6　タイル工事	1　式	238,000
7　アルミサッシ工事	1　式	563,000
8　建具工事・木製工事	1　式	518,000
9　内装工事	1　式	1,231,400
10　雑工事	1　式	827,000
11　電気工事・設備工事	1　式	254,000
12　給排水・衛生設備工事	1　式	2,065,000
13　ガス工事	1　式	850,000
14　諸経費	1　式	550,000
総計		10,077,000
値引き		277,000
見積額		9,800,000

横檜工務店

リフォーム工事費内訳書

よくわかりました!
この家の誕生から見ていただいている工務店さんにお願いするのが安心に決まっているんですがつい予算との兼ね合いで…気を悪くしないでください…
——というわけで工事の範囲と見積りについてはしばらく検討してもらうことになり今日はおいとまることにしました
いろいろあるわよねー! この続きは次章で!!

豆知識

◆イニシャルコストとランニングコスト◆

●春野家の暖房給湯計画

おばあちゃんの部屋のキッチン給湯と床暖房・エアコンの給湯を別にします。まず，おばあちゃんの部屋の外壁に10号給湯器と熱源機（床暖房とエアコン用）を取り付けます。次に洗面，洗濯，浴室，キッチンの給湯は１系統にまとめ，キッチンの外壁に24号給湯器を付けます。さらに洗面所の床暖房は取りやめ，代わりに足元温風器を付けます。したがって，給湯器は合計３台となるわけです。

１台の給湯暖房熱源機ですべてをまかなうと，熱源機から遠いところでは熱のロスが大きく，湯温が安定しにくく捨て水が多くなります。そこで，給湯器を３台にすれば，設備や工事費などの初期投資（＝**イニシャルコスト**）は割高になりますが，光熱費など使い始めてからの費用（＝**ランニングコスト**）は抑えられます。その結果，経済性，使い勝手ともに向上します。

また，メンテナンスの場合も分かれているほうが都合がよいのです。例えば，複数の給湯器があればたとえ１台が故障しても他の機器が正常に働いていると，修理の間でもお湯を使うことができます。１台しかなく修理になかなか来てもらえなかった場合，暖房がない，お湯も出ないといった暮らしをせざるを得なくなることも考えられます。使用者のことを考え，長い目で計画することが大切です。

春野邸リフォーム工事給湯暖房プラン

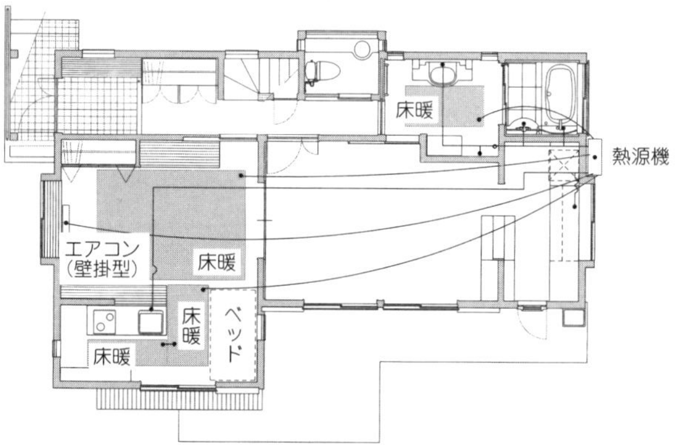

〈前回プレゼンテーションＢプラン〉
・冷房用室外機ユニットは省略
・浴室暖房乾燥機の熱源は電気

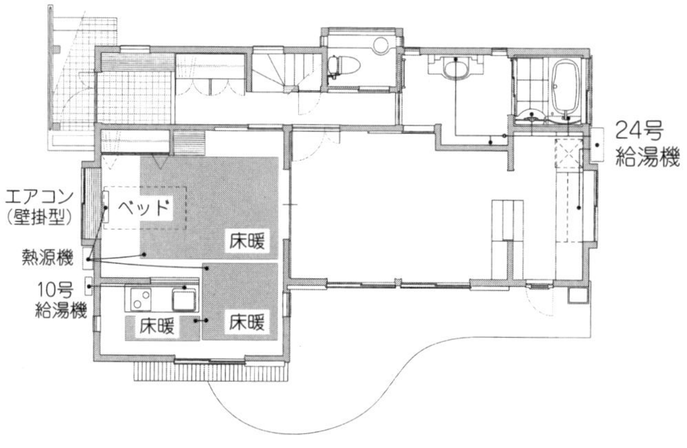

〈最終プレゼンテーション〉
・冷房用室外機ユニットは省略
・洗面室足元温風器は電気
・浴室暖房乾燥機の熱源は電気

春野邸
春野家のリフォーム工事は結局見積り金額が予算オーバーになってしまったんですがおばあちゃんの協力もあってテラスのみ取りやめることであとはすべて行うことになりました。

6章

契　約

そして工事請負契約は4月19日の大安の日――
契約に先だって工事内容に間違いはないか、項目の落ちはないか、プランニングの途中で変更した事項がきちんと修正されているかなど最終図面の確認が行われました

以上、最終図面の確認はよろしいでしょうか？
はい！間違いないです！
コク
それでは工事概要の説明に入ります
ご承知の通り工事は住まいながら行われるので原則としては一部屋ごと仕上げていくことになりますが——
費用節減、工期短縮のためなるべく同じ職種がまとめて入れるよう考えてあります
居場所がなくなるってことはないんでしょうね…
そのご心配はありません！
では書きながらお話しましょう
〈メモ〉
1．バルコニー，和室内部を解体
2．おばあちゃんの部屋を増築部分も含め内装下地まで仕上げ，寝室の処分するたんすと衣類その他を一階に降ろす。処分するたんすは当座の物入れとして使用
3．水回りと勝手口付近を解体し，増築部分も含め内装下地まで仕上げる
4．ユニットバス据付け
5．寝室，書斎，子供室の造作撤去と収納工事
6．玄関収納，キッチン造作，２階廊下収納
7．外部塗装
8．内部木部塗装
9．水回りの内装工事，壁紙の貼替え
10．おばあちゃんの部屋に仮置きした荷物を２階へ戻してから部屋の内装仕上げをする
11．外回り工事
12．機器・器具取付け
13．完成検査

こうして見ると改めて大プロジェクトですね！
そうですね
皆さんおのおの快適づくりですから簡単に片づけることはできません！
内部もさることながら基礎、屋根、外壁といった外部はお天気との関係が大きい所です
…ということは工事の時期の問題ですね？
ええ
これら外部は梅雨に入る前にやってしまいたいので着工は5月の連休明け、工期は余裕をみて約2カ月を見込んでいます

2カ月で快適が得られるわけですね!
ところでお風呂はどれくらい入れないのかしら?
そうですね…
取り壊してから使えるようになるまで10日間程度ですね
えっ? ショールームでの説明ではユニットバスは早くて3日もあれば大丈夫って言ってたわよ!
マンションのユニットバスならそれでOKなのですが…
戸建ての場合土間コンクリートを打ってから固まるまでの時間が必要ですからね
ふ〜ん
ま、たまには銭湯もいいか
アチャ! 説明不足だったわ 最短とか最低とかの有利な限定条件のときは要注意ね!!
……とまあ ここまではどうにか進んできたんですが工事日程の調整では難航しました 住まいながら工事をする春野家にとってはその前の準備が大変で細かなことを考え始めると気の重くなることばかりだったようで
あなたは家をあけちゃうから!
たった2カ月なんだ! おまえのカルチャースクールとか少し融通できないのかぁ?
…少し私の意見を聞いていただけますか

ワンポイント講座8

●住まい手に対する精神的な負担の緩和

住まいながら工事をするリフォームは，つくる側もやりにくく気を使うものですが，住まい手にとっては，それ以上に大変で，不便さをともない，精神的なストレスもたまります。

住まい手が気になることは，次のようなことです。

- ・ほこり，粉じん，音，臭い
- ・職人さんの言動や視線
- ・下準備や養生期間で現場に職人さんの姿が見えないとき
- ・物を移動するときの物の取扱い
- ・予定が変更になった場合のスケジュールや工期・金額
- ・出かけられない（防犯上，不測の事態が気がかり）
- ・近隣に対する気遣い

これらのことは，いくら注意して工事を進めても起こり得ることです。工事を始める前に，気になること，問題になりそうなことは十分に話し合い，対処のしかたも説明しておきましょう。また，住まい手にリフォームの大変さについてよく話し，気持ちの準備をしてもらうことも大切です。その上で，リフォームをする意味を確認しあい，あわせてリフォーム中の非日常の楽しさ，リフォーム後の快適さを伝えるようにしましょう。

……ですから奥さんも何時でもどんどん出かけてください！
おとなりで工事している気分でいればいいんですね

それでは工事請負契約書の読み合せに入ります契約に関わる大切な話ですのでご不明な点は何でもお尋ねください

工事請負契約書

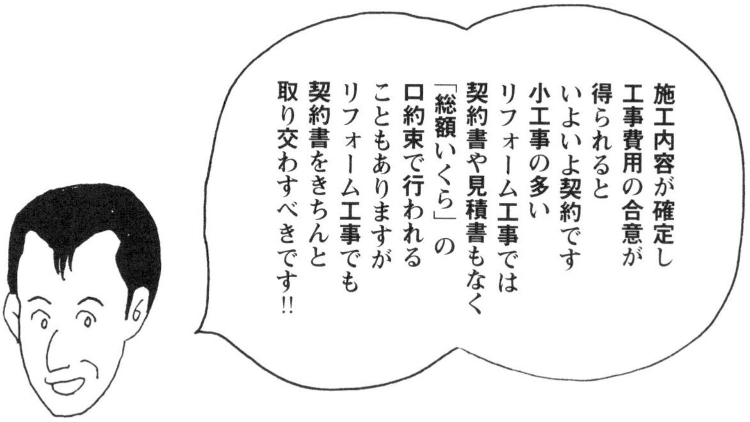
施工内容が確定し
工事費用の合意が
得られると
いよいよ契約です
小工事の多い
リフォーム工事では
契約書や見積書もなく
「総額いくら」の
口約束で行われる
こともありますが
リフォーム工事でも
契約書をきちんと
取り交わすべきです!!

1 工事請負契約書の読み合わせで注意すること

工事請負契約書とは，施主（**発注者**）と工事を請け負う施工会社（**受注者**）との間で，その工事に関するさまざまな約束事のとり決めを行うことです。受注者側が工事の内容・工事の完成時期・工事代金の支払方法など約束事の内容を読み上げ，お互いに契約内容に間違いがないかを確認しあいます。これを**工事請負契約の読み合せ**といいます。

工事請負契約の書式はさまざまですが，比較的よく使われるのが，建築業界団体の連合協定による工事請負契約書です。その契約書には，

①発注者・受注者の名前
②工事名・工事内容
③工事場所
④着工時期・完成時期・引渡し時期
⑤請負金額と支払時期

を記入するようになっています。そして，工事請負契約書とセットになっていて，工事請負契約を履行するにあたってのルールを示したものが，**工事請負契約約款**です。これは契約の内容をより詳細にとり決めたもので，工事の完成や引渡しが遅れたり，請負代金の支払が遅れたりしたときの罰則や，瑕疵担保責任，リフォームでよくある解体して初めてわかる不測の事態の対処方法などが記載されています。

収入
印紙

工 事 請 負 契 約 書

ご契約日　平成○○年○○月○○日

この度は，大樹建設株式会社にご注文いただきまして，ありがとうございます。
この契約書・約款と添付の図面及び仕様書によって工事請負契約を締結致します。

注文者(甲)　住所　〒245-0015　横浜市泉区希望が丘1-2-3
春野英雄　(印)
請負者(乙)　住所　〒227-1234　横浜市青葉区夢が丘3-5-7
大樹建設株式会社
代表取締役　大樹　豊　(印)

1．工事名　春野英雄邸リフォーム工事
2．工事場所　横浜市泉区希望が丘1-2-3
3．工期　着工　平成○○年○○月○○日
＊完成　平成○○年○○月○○日
＊引渡し　平成○○年○○月○○日
（＊但し，現場都合・天候・設計変更等により工期の変更がある場合があります。）
4．御契約金額　￥10,200,000－
5．お支払方法　この契約成立の時　￥2,000,000－
第２回　￥4,000,000－
完成引渡しの時　￥4,200,000－
6．特記事項　下地，配管，配線など隠蔽されていた部分の腐朽，不都合等による工事の追加・変更の必要性が発生した場合は，双方立会いの上で善処する。
7．その他　約款の定めによる。

工事請負契約書

2 解体してからわかる不測の事態

リフォームには工事内容の変更がつきものです。特に，事前調査ではわからなかった**土台の腐れ**や**シロアリ被害**のような，解体することによってわかる事態もあります。

また，現況設計図にない基礎や柱があり，決定プランに支障が出る場合もあります。これは，以前の工事の途中で設計変更になり，図面は書き換えないまま保存されていたことが原因です。

このようなことが起きるたびに，見積書を書き直すのは手間がかかり，不都合です。そこで約款の中であらかじめ対処方法，変更工事は別途請求の対象となることを明記した上で，**工事内容変更合意書**または，**追加工事合意書**を用意します。変更依頼があるたびに，変更個所・内容・変更後の費用・費用の増減などを記入するようにすると施主にもわかりやすく，工事費用でのトラブルも未然に防げます。

3 ICの瑕疵担保責任

瑕疵とは，傷，欠陥の意味で，請負契約における**瑕疵担保責任**とは，請負人がその不完全な部分について，やり直しや損害を賠償する責任を負うことをいいます。

日常的によくある話ですが，施主にこだわりがあり，ICの提案した仕様を受け入れずに，またICも施主の選択が勧められないものとわかっていながら施主の言いなりになり，完成後クレームになることがあります。例えば，「こんなふうになるとは思わなかった」，「あなたはプロなんだから素人の私になぜ説明してくれなかったの？」，「責任があるのだから費用はそちらもちでやり直して！」など。

プロなら誰もが
おかしいとわかる
ような注文について
ICがアドバイスせずに
請け負ってしまった
場合には
瑕疵担保責任を
問われる可能性が
あるから注意しよう!!

不本意な選択をせざるを得なくなった場合には，その選択の結果を十分に施主に話し，その勧められない理由を説明し納得してもらうように努力しましょう。トラブルにならないためにも，施主との打合せ時のやり取りはすべて記録に残すようにし，変更事項が出たり，上記のような事態に遭遇した場合などは，その内容を記載した記録に施主のサインをもらっておくことも大切です。

こうして春野氏と大樹建設との契約は無事に成立しました！
それでは工事着工は5月11日の大安吉日ということで！
不測の事態も考慮して工程はゆとりをもって組ませていただきます
よろしくお願いします！
5月11日……
キンキラリン

契約成立でホッとする間もなく工事の打合せや発注業務と忙しい毎日が続きます
今日はそれに先立って各職方に渡す最終図面(設計図書)のチェックです

7章

工事打合せと発注業務

どうだい？
今のところは品名、品番、色の間違いはありません
それに特別な材料も使ってないので納期、在庫も大丈夫だと思います
大丈夫…と思うじゃなくてメーカーに確認すること！

それから変更前の図面がまざってないかも確認!!
は… はい はい
!
いいかい彩ちゃん!くどいようだけど些細なミスが工期の遅れや損金の発生につながるんだ!結果的には信用をなくすことになる
リスクが大きいんだよ!
ズ
責任!
ガン
最終図面のチェックが終わり各職方を集めての打合せです
会議室
現場監督 杉田（32）
大工 秋山（54）
電気工事店職人 照山（44）
ガス工事店職人 香西（47）
水道工事店職人 水田（34）
タラ〜〜

ご苦労さまです！今、資料をお配りしました者が当社のＩＣで今回が初めての現場となります内野です
ペコリ
当社も新築需要以上にリフォーム工事が増えてきてお客さんの中にはリフォーム業者と相見積りをとるうちもあるらしいんだ
近頃では顧客の確保のためにハウスメーカー系のリフォーム会社はＩＣが常駐してお客の対応をしているようで——
設計よりＩＣのほうがお客も話しやすいとみえて話のまとまりが早いそうだ

そこで当社も入社4年目の内野にそろそろ第一線に出てもらうことになったというわけです
よろしくおねがいします
今回が初めての担当となるので皆で教えてやってください！
現場監督は杉田ですじゃあよろしく‼
この人たちとうまくやっていけるのかなァ
よろしくな
ふーんかわいいじゃん
しかし…春野さんの話がきたときにはちょっとびっくりしたよ施主の春野さんとはメル友なんですよ
へぇ…そうなんだメル友かァ
でも男じゃん
えー コホン
では大まかな工事内容と工程は私からその後詳細については内野が説明します
メル友か…

……
……
………
えー続きまして各部詳細について説明させていただきます
図面No.○○です
母室、つまりおばあちゃんの部屋ですが…
!? ちょ…ちょっと待ってよ！
工程順ではあたしんとこが最初にくるんでその順番に話してもらえませんかね？
そうだよな…いつも通りにやってよ…
あっ？ ええ…工程でいくとそうなんですが私としてはわかりやすいように職種ごとに色分けした図面をお渡ししておりますが職種ごとに説明をするのではなく──
部屋ごとにここではこんな風に暮らしたいからこのようにした──そのためにはどのような設備、照明、造作、仕上げが必要であるかを横のつながりでお話しておきたいんです！
ブルーで
洗面脱衣洗濯室
24号給湯器
ニング
キッチン
ピンクで
オレンジで
作り付け家具・ドア：A社　取付：秋山さん
造り付け家具：B社　取付：B社
造り付け現場造作：秋山さん
現場造作建具：Cさん
水回り設備：D・E社　取付：水田さん
床暖・ガス工事：香西さん

職人さんへの依頼時に注意すること

1 その工事がなぜ必要なのか理由を説明すること

職人さんにとってなじみのない工事方法や設備の設置位置などは，特に説明が必要です。住まい手が何を望んでいるかがわかれば，工事の内容や意味が納得でき，工事の方向性もしっかり見極めがつきます。

また，施主に特別のこだわりがあって，一般的ではない内容の場合なども，ICの能力を誤解されないための説明が必要です。

2 工事の出来上がりの目標を示すこと

図面だけでなはなく，着彩したスケッチやパース，またはイメージ写真などを提示したり，決定した設備や内装材の見本・品番を示しておくことも大切です。

3 新旧の取合い部分をどう納めるのかをしっかり決めておくこと

リフォームで最も気を使う部分は，新しくする部分と，古いまま残す部分が交わるところです。できれば現場で説明し，確認しあうのがよいでしょう。

4 注意すべき設備機器等の取付け位置は正確に指示すること

職人さんは得てして，図面を確認せずに今までの慣れている方法や，やりやすい方法で行うことが多く，設備の取付けや寸法，ディティールなど，特に注意するところは大きく朱書きにし，口頭で確実に伝えましょう。また，ICの手元を離れた図面はバラバラに使われることもあります。職人さんによっては平面図だけしか見ない人もいます。平面図には位置だけ，展開図には高さ関係と別々に記載した場合は，平面図に「高さは展開図参照のこと」と明記するなど，図面の使われ方を考えておくとよいでしょう。

5 図面の変更指示ははっきりと正確に行うこと

図面や，図書を変更した場合は，前のものと，どこがどう違うのかをはっきりわかりやすく指示しなければなりません（場合によっては，前図面破棄を指示すること）。したがって，図面，図書には必ず日付を入れるようにしましょう。

変更図面の変更部分は当事者でない限りわかりにくいものです。ちょっと見ただけでは，以前のものと変わりのないように見えます。変更部分をわかりやすくするためにで囲むなどして，日付を記入します。変更図面・図書を設備屋さんや職人さんへ直接またはFAXで渡しますが，ここで注意することは，変更を工事関係者に徹底することです。設備屋さんや職人さんはすでにその下職さんに変更前の図面・図書を回してしまっていることがあります。変更を徹底しなかったばかりに，工事が始まってみたら，職人さんが持っている図面や図書がまちまちだったという泣くに泣けない事態が起こることがあります。

6 工事上で気を配るべき条件を話しておくこと

施主の生活や家族の状況（特に高齢者・受験生・病気の方がいる場合），近隣関係や建物の位置関係なども伝えておきましょう。

職人さんたちも
初めは今までと
勝手が違う説明に
戸惑いを見せていた
ようだけど
熱意をもって
説明したかいあって
リフォーム工事の意図が
伝わったようです！
最初の
重苦しい雰囲気から
一転、
ときには助け舟を
出してくれたり
仕事仲間として
認めてくれるように
なったみたい！
ふ…う
がら――ん
彩ちゃん
お疲れさん！
上出来だったよ!!

えへ♪
そうですか？
頼もしい人たちでよかったです！
でも…これからですよね
まだ一歩を踏み出したばかり…
短期間に段取りよく工事を行わなければならないリフォーム工事では着工よりかなり前に発注しなければ間に合わないものもあるんです
工期、工程表と照らし合わせてタイミングよく発注し手配漏れのないようにしなくちゃね！

ワンポイント講座 9

●発注業務で注意すること

1．リフォーム工事の場合，工程表は天候などによる遅れも見込んで組まれている場合もあるので，納期に余裕をもたせ，早め早めの手配が必要です。
2．エレメントそれぞれの調達を誰が行うかを周知徹底し，発注漏れのないよう注意が必要です。
3．契約時に最終図面で確認した条件により発注手配を行うこと。
4．何らかの変更で前回と内容が変わった場合は，改めて見積りを取り直し確認の上，発注すること。
5．発注書には，建設地・施主名，発注者・連絡先，発注日，メーカー名・品名・品番，数量，金額，仕入先担当者・連絡先，入荷予定日，納入場所，支払条件，その他必要項目を明記し，責任者がチェックした後，発注すること（117ページ「解説コーナー18」参照）。
6．納期など工期に関わるものについては，確約をとっておくこと。
7．発注書の記載は，楷書で丁寧に読み取りやすく記入することが大切です。例えば「1」と「7」，「1」と「l」，「2」と「Z」など紛らわしい表示は注意して記入すること。一文字の違いでもまったく他の製品にすり替わってしまう危険性があります。
8．品物とともに納品書が届き次第，発注書と照合し，責任者に報告の上，ファイルすること。

造作家具の現場調査立会いから発注まで

1 設計上の注意－ICによる家具図面の作成（プランニング開始から最終プランニングまで）

1　既存家具の生かし方（再利用プラン）

家具の図面は家具業者による現場調査が行われる前にできていなければなりません
春野邸は吊り戸棚を再利用することになったため吊り戸棚の仕様に合わせる意味で家具仕様の造作となりました

① 傷みのチェック

まず，既存家具の傷み具合をチェックし，その結果，使用不可能な場合や，新しい部分とのコーディネートが著しく損なわれる場合は，施主にその旨を話し対処しましょう。

② 再利用の方法

新旧の差をなくすか，もしくは色などを対比させて際立たせるかのいずれかを検討します。

2　現場で注意すること

① 新旧の造作家具について

一つの空間に新旧の造作家具が存在し，その新旧の差を目立たせたくない場合は，できるだけ同じ面材を使い，取っ手などの金物も同じデザインのものを使うようにすると統一感がとれます。

② 建築躯体との取合いについて

箱組を決定するときには，天井・壁・床など，躯体との取合い部分[*1]で逃げ[*2]が必要かどうかの見きわめをしなければなりません（図①～②）。

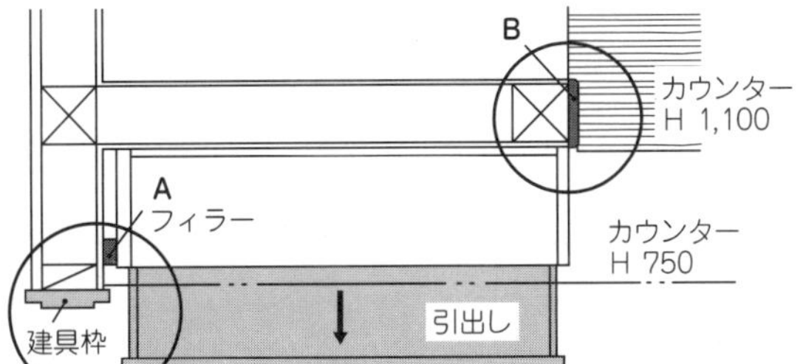

B
カウンター
H 1,100
A
フィラー
カウンター
H 750
建具枠
引出し
逃げ

キッチンの吊り戸棚の引き出しは，引き出したときに建具枠にぶつからないだけの逃げが必要です。家具と側面の壁との間にフィラー[*3]を挿入して逃げをつくります（A部分）。
同様に，造作家具の引出しの可動域内にカーテンのタッセル[*4]掛けなど，壁側からの突起物を後で取り付ける場合や，側面の壁のコンセントに常時差し込んで使う場合は，家具本体と壁の間にコンセントプラグの寸法の逃げを見込みます。両側を壁などに挟まれた空間に家具を納めるときは，
　家具の間口寸法＋フィラー寸法＝アキ寸法
となっていることをチェックしましょう。

図①-A　壁との取合い（春野邸の例）

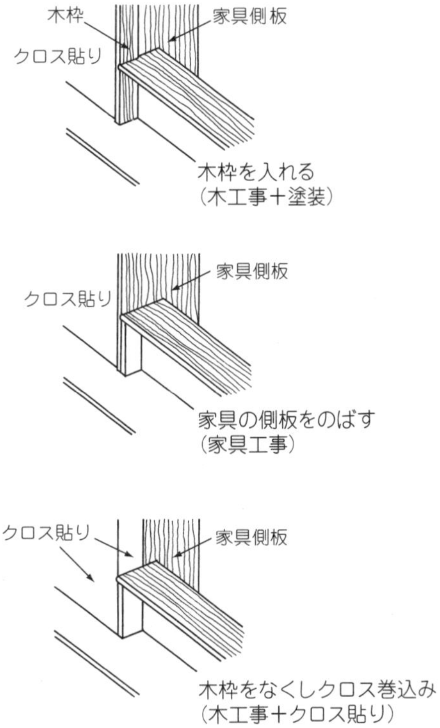

木枠
家具側板
クロス貼り
木枠を入れる
（木工事＋塗装）
家具側板
クロス貼り
家具の側板をのばす
（家具工事）
クロス貼り
家具側板
木枠をなくしクロス巻込み
（木工事＋クロス貼り）

リフォーム前は無目枠だった対面カウンター脇の柱に沿った仕上げ部分（B部分）は，新たな造作家具との取合いしだいで施工の工事区分も変わってくると同時に，見栄えも異なります。

図①-B　柱との取合い（春野邸の例）

＊1**取合い部分**：床と壁，壁と天井，開口部と壁，入隅と出隅など，相接する異なる部分。取合い部分のディテール処理の巧拙が，最終的な品質評価に影響する。＊2**逃げ**：造作で納まり上，部材どうしに余裕をもたせることで位置関係の調整機能をはかること。
＊3**フィラー**：すき間や穴を埋める材料。＊4**タッセル**：カーテンを束ねて留めるための装飾の帯，または紐。

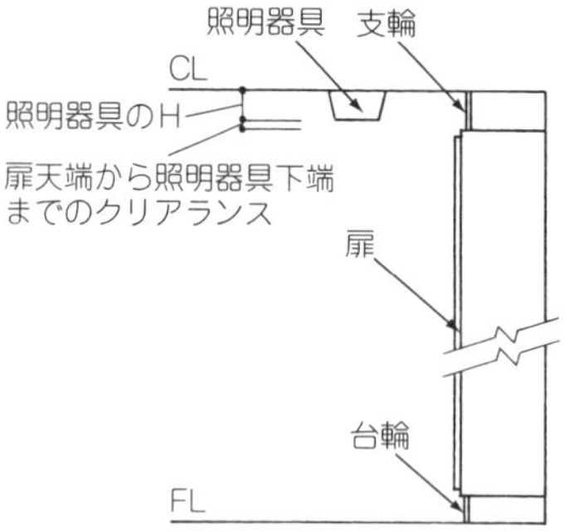

天井いっぱいの箱物家具を据え付けるとき，天井と家具のクリアランス[*5]が最低10mmないと箱は納まりません。その上，天井直付けの照明器具など天井面からの出っ張りがある場合，扉を開く際に照明器具にぶつからないだけの逃げが必要になります。右図の場合は，支輪で逃げをとっています。

図② 天井との取合い

③　構成部材間の取合いについて

家具を構成する部材間での取合いを十分に検討することが必要です。例えば，支輪とフィラー，カウンター天板と扉（図③），スライド丁番と棚板など。

④　諸設備との関わりについて

建築や造作のほかにも，電気設備・空調設備・通信設備などとの関わりもでてくることがあるので注意しなければなりません。例えば，造作家具に照明やスイッチ，コンセントなどを組み込む場合は，設計意図や工事区分が現場で正確に伝わるように，電気設備と家具図のいずれにも，設備の位置と家具のレイアウトとの関係を記入しておくとよい。

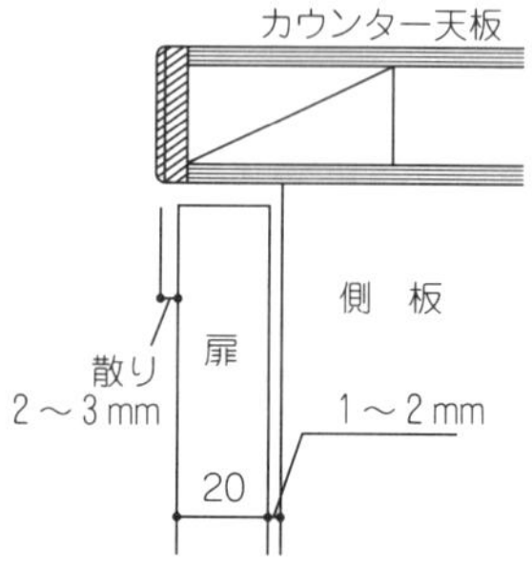

図③ カウンター天板と扉の納まり

扉にスライド丁番を使用する場合，丁番の調整によって出面が1～2mm程度狂うことがあります。これを防ぐには，天板と扉が面（ツラ）[*6]となるような設計は避け，適切な散り[*7]を見込んでおくことです。

3　塗装の色見本板や取っ手・金物類は施主に提示し，現場で確認をとっておく

4　材料や接着剤は，有害化学物質の放散の少ないものを使用するように指示する

JIS 等級（パーティクルボード，MDF）

表示区分	ホルムアルデヒド放散量
E_0	0.5mg/ℓ以下
E_1	1.5mg/ℓ以下
E_2	5.0mg/ℓ以下

JAS 等級（各種合板，集成材，単板積層材等）

表示区分	ホルムアルデヒド放散量	
	平均値	最大値
Fc_0	0.5mg/ℓ以下	0.7mg/ℓ以下
Fc_1	0.5mg/ℓ以下	2.1mg/ℓ以下
Fc_2	5.0mg/ℓ以下（集成材は3.0mg/ℓ以下）	7.0mg/ℓ以下（集成材は4.2mg/ℓ以下）

2 現場調査の注意点－家具業者による現場調査・IC 立会い（契約後）

1　家具と周辺との整合性および図面による指示

造作家具は，現場に合わせて造り付けるため，家具本体と取り付ける建築の下地や周辺との整合を確認する。

・壁付けの場合，どの位置にどのような下地が必要なのか

・重量の重い書籍などの収納の場合，床補強の必要はないか

・吊りボルトが必要な造作家具の場合，梁の位置との関係は大丈夫か

これらを十分に検討，確認したうえ，建築図面（平面図・展開図）にも家具図（詳細施工図）

＊5**クリアランス**：すき間，余裕。＊6**ツラ**：物の表面をつら（面）ということから，相接する2部材の表面が同一平面となる状態。面一（つらいち），ゾロともいう。＊7**散り**：平面と平面の間の差，または差のある場所。

にも明記しておき，前もって大工さんに伝えておくとよい。

2　床・壁・天井の仕上り精度の確認

床・壁・天井の仕上り精度をよく見てその調整を行う。例えば，壁のカネが悪い[*8]場合などは，家具を据え付けたときにすき間ができるため下地を直すか，もしくは下地壁を別につくり直角を出したうえで墨出し[*9]を行うようにする。

3　工事区分の明確化

電気設備・空調設備・給水給湯設備と関わるものは，家具施工者と建築本体の施工者との工事区分や，部材の調達は誰が関わるのかを明確にしておく。

4　水回りの造作家具

キッチンや水回りの造作家具は，配線・配管・下地補強などと関わっていることが多いため，墨出しの位置決定は，家具施工者と現場監督のほかに，電気・ガス・水道の各工事業者との連携で行うことが望ましい。

5　現場搬入

現場への搬入が可能な寸法であるか，また搬入後の一時置場の確保について事前に打合せをしておく。特に，重量のある造作物や長尺物には注意すること。

現場調査が
終わると
家具業者による
施工図が作成
されます

3 発注時の注意点－発注（施工図確認後）

1　発注時への記載

発注書は，次の必要事項に記入漏れがないかをチェックする。

寸法，心材，仕上材（種類・色・塗装），取っ手・金物（種類・個数），棚板（寸法・枚数）など。

2　図面の確認

発注書に添付する図面が最終図面であるかを確認する。プラン途中の図面のまま制作・施工されてしまうことを防ぐために，図面に最終図面であることを明示しておくとよい。

3　納期の確認

納期を確認し，さらに現場での工期の遅れや据付け日の変更が生じた場合の保管方法についてもあらかじめ打ち合わせておく。

＊8**カネが悪い**：水平，垂直が出ていないこと。＊9**墨出し**：各工事作業を行う際の基準となる位置・寸法・印などを墨で印すこと。

豆知識

◆家具について◆

一口に家具と言っても，ICが扱う箱物家具は，ICの仕事のスタンスによっても異なりますが，大きく分けると次のように分類できます。

家具の種類と発注先

種　類	造り手	入手ルート・発注先	特　徴
現場製作の造付け家具	大工＋建具屋	現場造作の一環として大工さんに依頼。扉は建具屋さんがつくる	●材料が家具用のものではない場合が多い。太かったり，厚かったり，頑丈ではあるがデザイン性に欠ける
造作家具	造作家具メーカーの工場	設計者が造作家具屋につくらせ，現場で組み込む	●特注家具と言われるものの多くがこの範疇に入る ●デザインが思いのまま自由にできる ●価格が高い
多量生産の造付け家具	住宅メーカー 住設メーカー	住宅メーカー・住設販売店を通して工務店ルート	●他の建材や内装材とコーディネートしやすい ●一部特注できるものもある
据付け家具	家具メーカー	家具小売店・デパート	●多量生産の造付け家具と比べると，コーディネートが難しいが，家具としてのデザイン性や質は高い ●既成家具でありながら，特注対応できるものが多い
置き家具（完成品搬入据付け）	家具メーカー	家具小売店・デパート・通販・インターネット	●選択肢は多いが，気に入ったものを探すのに手間がかかる ●空間にピッタリと納めるのが難しい

造付け家具と据付け家具はどう違うんですか？
うん　造付け家具は建築(建物)の一部として使い勝手に合わせて設計され自由に取り外しができないようにつくられた家具で　据付け家具は建物と一体として使用することが計画され床、壁、天井などに固定して動かないように工事した既成の家具のことを言うんだ!!

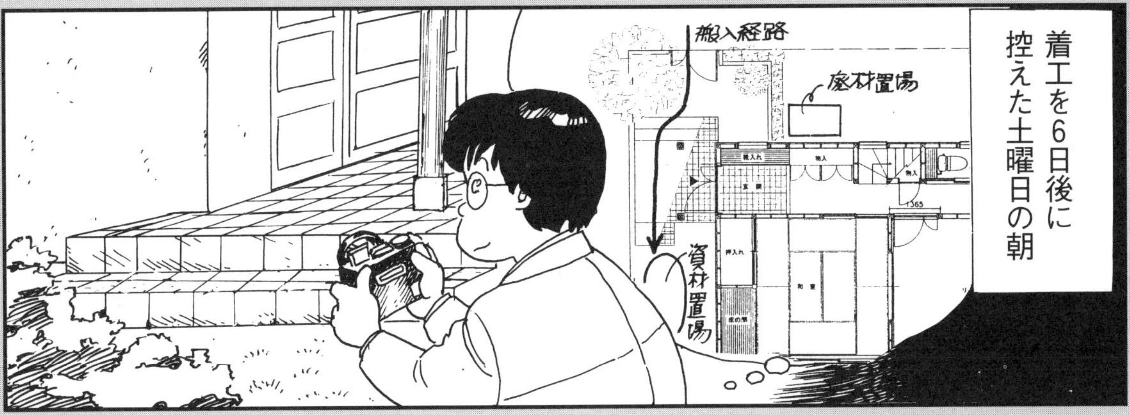

8章

工程管理と工事管理

まァ！
ご近所の
銭湯マップ！
料金まで!!
ホウ…
それじゃあ
ご近所の
ご挨拶へ
行きましょう！

＊工程表は巻頭ページ参照

いよいよ
工事が始まりました
そうか！
ほかにもやることは
あるだろうが
管理だけじゃなく
できる限り
時間を作って
荷物の移動を
手伝ったり
職方のじゃまに
ならないように
工事の成り行きを
よく見ておき
なさい！
はい!!

ICの現場管理

ICの仕事の関わり方，リフォーム工事の進め方によっても，どの時点でどのような現場管理を行うかは違ってきます。春野邸のリフォームは，住みながら一部屋ずつ仕上げていく方法がとられています。したがって，同種の立会いやチェックが時期をずらして行われることになります。具体的な管理時期と管理内容を下表にまとめてみました。

工事中の現場は
出来上がりの状態を
なかなかイメージ
しにくいものよね
設備機器や窓掛けを
機能的にバランスよく
納めるためには
現場管理をしっかり
することが大切よ!!

ICの現場管理の時期と内容

管理時期	ICの現場管理内容
木工事時	造作家具現場採寸立会い
	カーテン，ブラインド，吊り戸棚，設備機器取付け位置など，下地補強必要個所のチェック
	ミニキッチン，洗面台，キッチン・カウンター収納墨出し立会い ●その設備を取り付ける業者（大工さんの場合もある）の墨出しに立会い，位置を決定する。
	スイッチ，コンセント，照明位置，電気配線の位置確認 ●照明用の配線，コンセント，スイッチ，テレビなどの位置を現場で確認する。ダウンライトなど躯体とのからみで指定の位置に納まらないこともある。その場合は，施主の意向に沿った方向で修正し指示する。
	給排水・ガス配管位置確認
木工事完成・設備設置時	ユニットバス試運転立会い
内装塗装工事時	造作材塗装色現場指定 ●内装材のサンプル，塗装見本などを準備し，色出しに立ち会い指示する。
造作家具設置時	造作家具，キッチン取付け立会い ●墨出し位置に設置されるように立会い，納まりをチェックする。
内装工事時	建具現場採寸立会い ●小さな収納の扉など，納まりの指定を忘れることがあるので注意し，現場で漏れがないように確認すること。
	カーテン，ブラインド採寸（または立会い） ●IC自ら採寸する場合と，施工業者が行う場合がある。
	内装仕上げ施工チェック
内外装工事完成時	照明器具，電気設備取付けチェック
完成クリーニング後	カーテン，ブラインド取付け立会い
完成検査時	完成チェック 床暖房試運転立会い

ICの
現場管理って
きめ細かく
チェック
するもの
なんですね!!

工事は工程表のとおり順調に進められました
ICとしてすべての工事にわたって管理しなければならないのは当然だけど
ここからは春野邸での私の苦い経験も含めて工事管理の迷場面のいくつかを紹介します!!
5月22日のこと――
おばあちゃんの部屋は木工事も進んで天井下地に取りかかろうとしています
そんなとき大工の秋山さんが…
彩ちゃん おばあちゃんの部屋にカーテン付けるんだろ？
えっ？もちろんです！
ただ奥様がイメージがわかないって…木工事が終わった時点で決めることに……
どんな柄にするかは後でもいいけどね どこに何を吊るのかは先に決めてもらわないと…下地の都合ってもんがあるんだよね
は！

下地補強

内装クロス壁の下地のほとんどが，プラスターボードを採用しています。柱や胴縁のないところの内部は空洞になっているため，釘やネジが利きません。軽いものを吊るす場合は，プラスターボード用のアンカー（モーリーアンカー，トグラー，クロスフックなど）を使いますが，造作家具や設備を壁に取り付ける場合は，その重量を受けるために下地を入れておきます。

下地補強の位置は，平面図と展開図に明記しておきます。

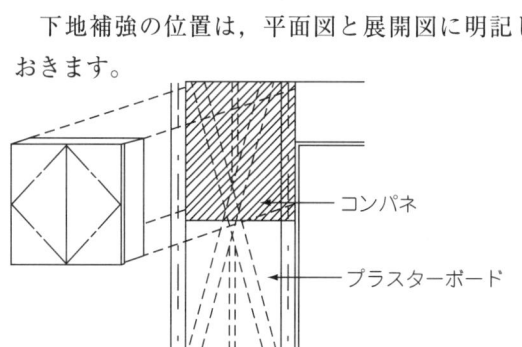

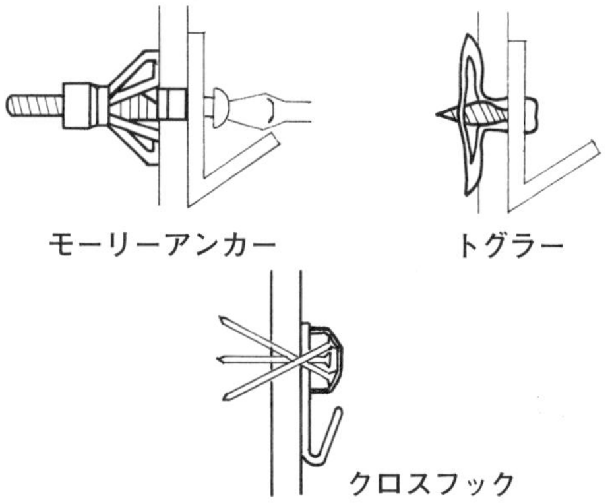
モーリーアンカー
トグラー
クロスフック

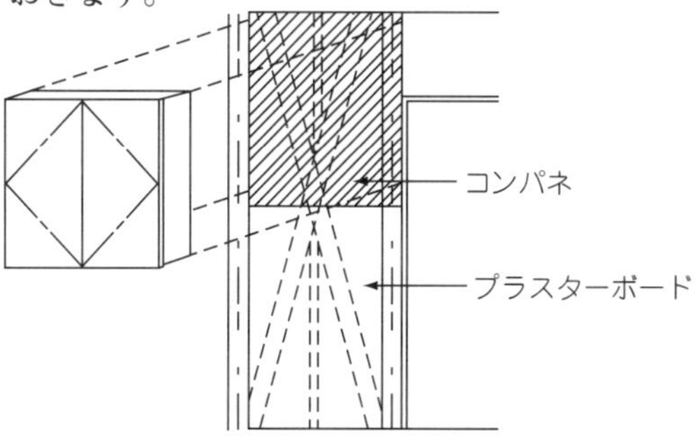
コンパネ
プラスターボード
キッチン・吊り戸棚の下地補強

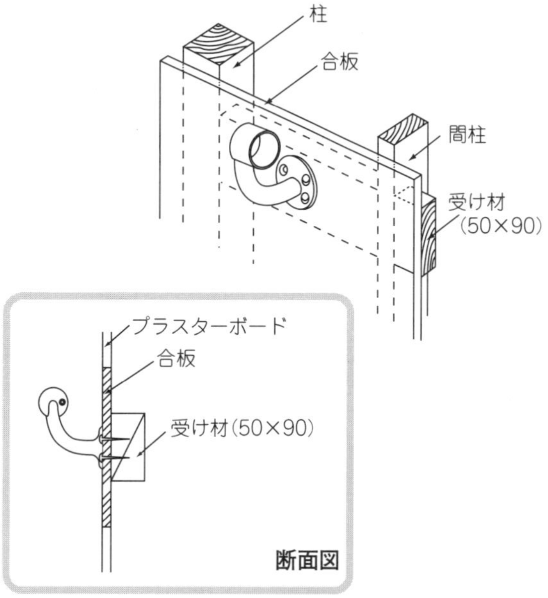
柱
合板
間柱
受け材
(50×90)
プラスターボード
合板
受け材(50×90)
断面図
玄関廊下・手すり下地補強の入れ方

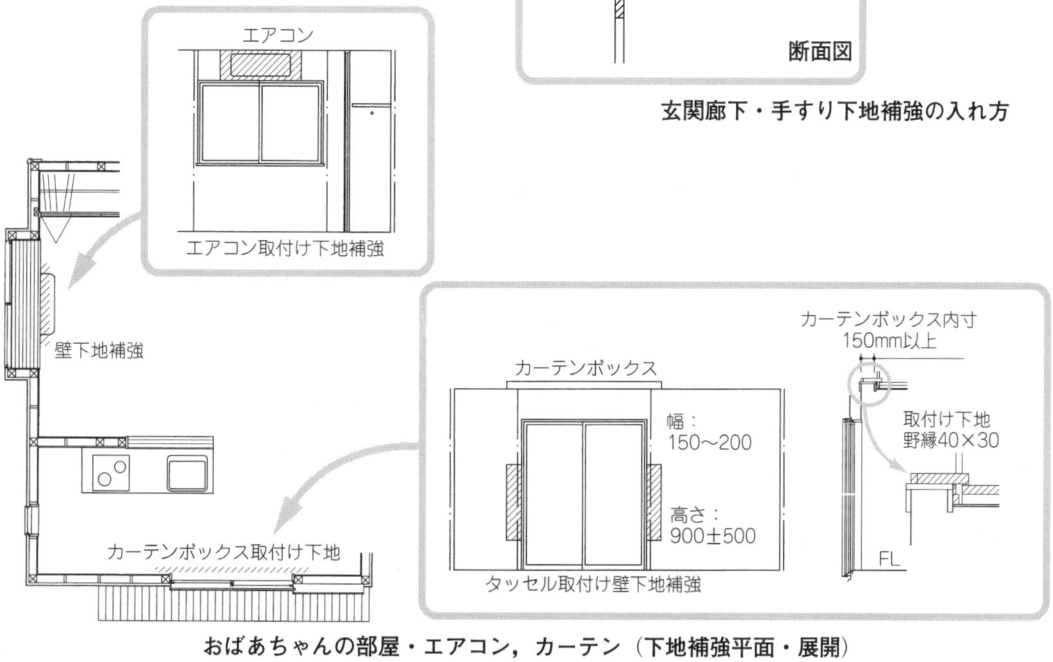
エアコン
エアコン取付け下地補強
壁下地補強
カーテンボックス取付け下地
カーテンボックス
幅：
150〜200
高さ：
900±500
タッセル取付け壁下地補強
カーテンボックス内寸
150mm以上
取付け下地
野縁40×30
FL
おばあちゃんの部屋・エアコン，カーテン（下地補強平面・展開）

そーでした
ペコ
ほかの窓も
レールやブラケットの
取付け位置の
補強を
お願いします…
5月25日
現場は水回りの工事に
取り掛かったところです
このとき解体と
同時に
分電盤の仮移設を
行います
そして屋内配線で
増設になる
照明、インターホン、
コンセント、
設備電源などの
配線工事が行われ
この頃から春野邸には
いろいろな職種の
職方が出入りするよう
になります
今日は
コンセントの
位置の確認に
来ました

ワンポイント講座10

●分電盤の位置

分電盤を設置する際の分電盤の高さについて考えてみましょう。従来，分電盤の取付け場所は，洗面所や玄関扉の上などに無造作に取り付けられていました。高い位置で，女性の場合，踏み台がなくては手が届きません。ブレーカーが落ちて，真っ暗闇の中での操作は非常に危険です。できれば，踏み台がなくても手の届くところに付けましょう。春野邸では，おばあちゃんでも手が届く位置に分電盤を取り付けました。

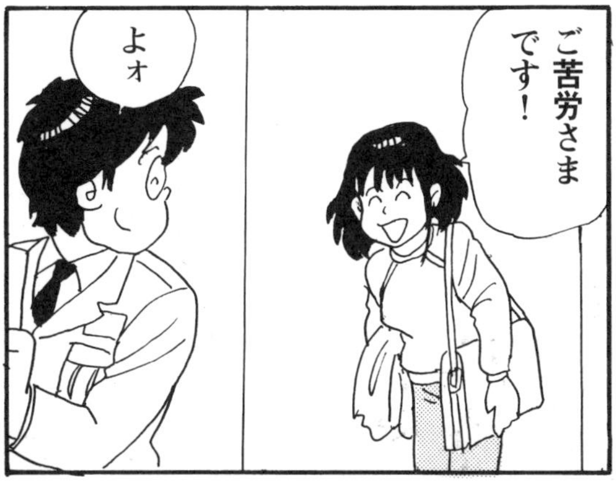
ご苦労さまです！
よォ

先日の*造作家具の現場調査と採寸の立会いのときにはいろいろサポートしていただいてありがとうございました！

今日はコンセント位置のチェック？
はい！

＊造作家具：91ページ「解説コーナー13」参照。

コンセントの位置の確認

コンセントって取り付ける個所が多くてしかも形が小さいから設置するときかなり神経使いますよね！
うん！でも神経使うのは施工中ばかりじゃないぞ！使い勝手にも配慮しないとな!!

施主が生活を始めて，すぐに不満がでるのがコンセントの位置です。「家具の後ろで使えない」とか，「この壁にも欲しかった」，「下すぎて腰が痛い」などといった声をよく耳にします。このように，小さなことで生活環境すべての快適さが失われてしまうことのないように気を付けなければなりません。もちろんこれらのことは，プランの段階で十分な話し合いが行われ，考えられているはずですが，それでも不満が起こることがあります。

では，どの時点でミスが起こるのか，設計者やコーディネーターが起こすミスの原因と対策を考えてみましょう。

1 図面のミス

特に，設計からコーディネートを一人で担当し，その成果物をチェックする人がいない場合は注意が必要です。思い込みによるミスや変更によるチェック漏れで，図面によって指示が違っていることもあります。

図面のミスは，二度，三度のチェック（他人によるほうが望ましい）を行うことや，特記事項・確認事項は一覧表を作り，図面完成のたびに一つ一つチェックするようにします。

2 現場管理のミス

設計者やコーディネーターは，ともすると図面さえきちんと書いてあれば必ずその通りに仕上がるものだと思いがちですが，過信は禁物です。職人さんは得てして施工しやすい柱や胴縁のあるところに取り付けます。図面通りに施工されているかどうかのチェックは必ず行いましょう。

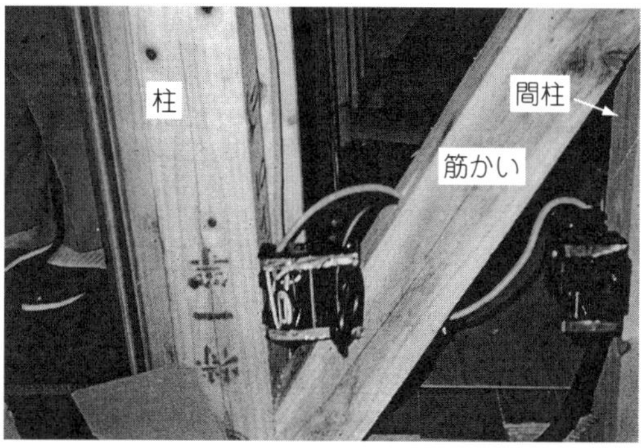
柱
間柱
筋かい

柱と同じ太さの筋かいがあることを見落として位置指定した例です。一つは筋かいを欠き，もう一つは間柱に取り付けた結果，家具の後ろになってしまいました。

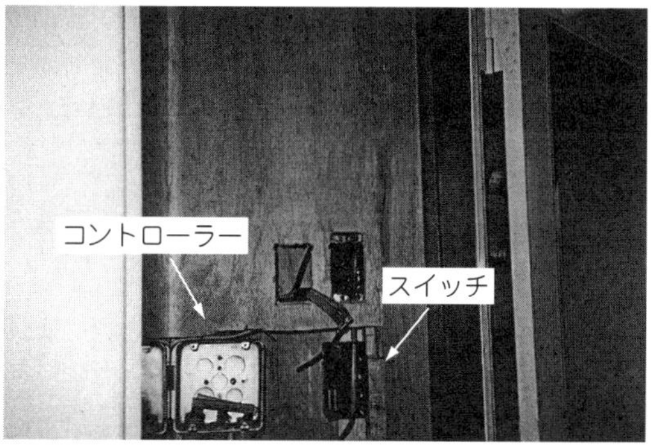
コントローラー
スイッチ

木工事時期のコンセント位置チェックで位置間違いを見落としてしまった例です。職人さんが作業しやすいところに取り付けたため，家具とぎりぎりのレイアウトで見た目にもよくありません。

〝既存と再生〟リフォーム工事はその変身振りが何といっても楽しみ！でもその一方で工事中の生活のやりくりを提案するのもＩＣの腕の見せ所なんです!!
29日からいよいよ寝室、子供室の収納をつくる工事に入ります寝室のベッドを積み重ね、壁紙の貼替えのじゃまにならないようにします
書斎机がベランダってあるんですけど雨は大丈夫かしら…？
はい！もちろんコンパネ[*1]とシートで養生[*2]します！
ご夫妻はリビングでお休みいただいて壁天井クロスの貼替えまではこの状態で…
いつもと違うところで寝るのってちょっとワクワクするわね！家の中なのに旅行しているような…
ご不自由な生活でストレスにならなければばってと心配していたんです…

＊1 **コンパネ**：コンクリートパネルの略。コンクリート工事の型枠に使用する合板のこと。床の下地板や，屋根の野地板として使われることが多い。＊2 **養生**：工事中，仕上がった部分をシートやベニヤなどで覆い，傷がつかないように保護すること。施工後，一定の性能がでるまで保護すること。

ユニットバスの据付けおよび試運転の立会い――
各室の木工事――
――とこれまで順調に工程が進行していたんですが外壁下地が終わったとたん梅雨入りとなりました
その後、外壁工事では養生・乾燥期間に雨が続いたせいもあって工程に遅れが出はじめてきたんです
そして6月14日――
寝室、納戸のクロスの貼替えが終わるとおばあちゃんの部屋に仮置きした荷物を元の位置に戻すことになりました――

ふぅ…
荷物がなくなるとずいぶん広々とするわね！
さあて仕上げ！仕上げ!!
!? あれ？
な…ない！ま、まさか…
秋山さんがボードに穴を開け忘れ…た？まさか！
どうしたんだい？まだ仏壇は来ちゃいないよ
あっ！秋山さん！
ない！ないんです!!コンセントの穴が!!
ん？下、下！下にあるだろ！

＊「特記の高さの指定漏れだわ！」．137ページ「電気設備・給排水設備位置図」参照。

あっ…いえ いや…ちょっと…
……
心配そうな春野夫人の様子を察した私は「ここで電話をすべきでなかった」と悟った…
住まい手側に心配かけてはいけないのであるだがあとの祭り…
す、すみません奥さん！もう一本電話を……
何とか電気工事屋さんは明日来てくれることになり対応できたんですが後味の悪い一日でした……
なぜ…こうなったのかしら？

3週間前のコンセント位置のチェックのとき荷物や道具の陰になっていたのかも…
ひとつひとつ図面と現場の状況を照らし合わせて自分の目で確かめることを怠った結果だわ…
失敗は成功の始まりとは言うけれど…私の心は今日の梅雨空のよう…
ええい！明日は晴れろ！晴れろ!!
このリフォーム工事の中で着工後にエレメントを決めるところはおばあちゃんの部屋の窓回りだけなんです
これはプレゼンテーションの時点で提案として出していましたが、春野夫人が「部屋の形ができてないとイメージが湧かない」と言うことで保留になっていました木工事も終わりに近い6月中旬、現場で春野夫人と打ち合わせることになりました

＊1**バーチカルブラインド**：スラット（羽根）が縦型形式で作られたブラインド。＊2**ルーバー**：採光を調節したり視線を遮るために，開口部に取り付け角度を調節して使用する可動性の羽根。＊3**ケースメント**：カーテン生地の一つ。透過性の目の粗い生地で，レースとドレープの中間的なもの。

あとはベッドを置く西側の窓とキッチンの東と西の小窓ですが…
プレゼンテーションボードではロールスクリーンだったところねプリーツスクリーンも素敵だけど…
でもシンプル イズ ベスト！
手入れもしやすそうだしロールスクリーンでお願いします！
6月15日
今日は先日選んでいただきましたカーテンとロールスクリーンの色を決めていただきたいと思いまして…
そうね…
ロールスクリーンはスクリーンの色が素敵でもスクリーンを透過した光がお部屋をその色に染めてしまうことがあるので注意が必要なんです

あら…？そうなの？思った以上に大変ねェ
濃いピンクのスクリーンを西窓に使うと夕方部屋中がピンク色に染まりまして
そうなるとですね…
そんなものかしらねェ…
ピンク……？

窓掛けの採寸と発注

苦戦しているようね…
窓掛けの吊り方やスタイル、品番、色が決まったら次は現場採寸ね！
それじゃあ現場採寸から発注までのポイントをまとめてみましょうか!!
はい!!

1 窓掛けの採寸のポイント

採寸は窓掛け業者（春野邸の場合は内装業者）に依頼することをお勧めしますが，このとき，窓掛けの取付け位置や下地の確認を忘れずに行わなければなりません。

おばあちゃんの部屋を例に説明しましょう。

開口部位置	サッシ寸法（mm）	スタイル
①東側窓	W600　H1,210	ロールスクリーン
②南側掃き出し窓	W1,692 H2,000	ドレープ＋レース
③西側窓	W405　H1,210	ロールスクリーン
④西側出窓	W1,642 H1,058	ロールスクリーン

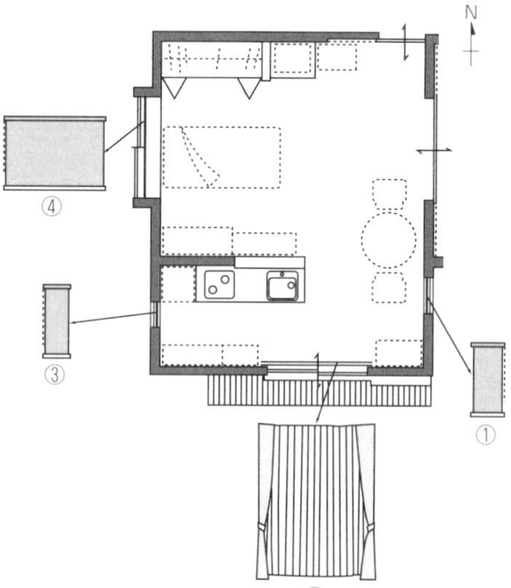
N
④
③
①
②

おばあちゃんの部屋の窓掛けプラン

●取付け位置と採寸位置

ロールスクリーン

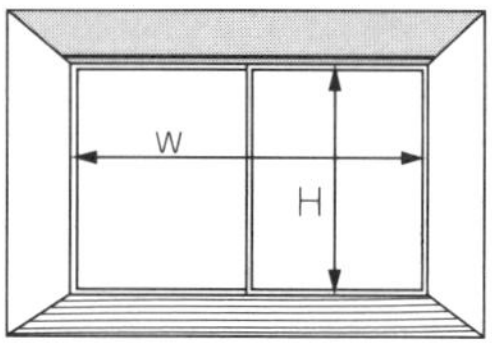
W
H

ロールスクリーン（①，③，④）は，窓枠内に取り付けます。

取付け下地の補強
採寸位置
取付け位置

カーテン

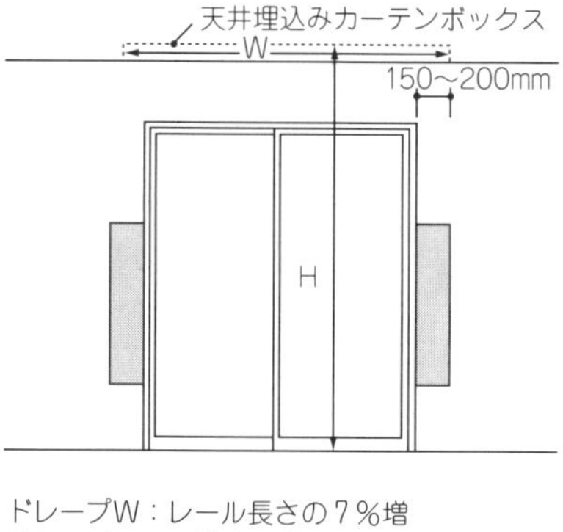
天井埋込みカーテンボックス
W
150～200mm
H

ドレープとレース（②）は，下地補強をした個所に取り付けます。

二重吊りの場合，カーテンボックスの内寸の奥行は，最低150mmが必要です。また，幅は窓枠寸法に左右それぞれ100～150mmを加えると開口が最大に生かされ，採光も有効にとれるうえ，保温効果も上がります。

ドレープW：レール長さの７％増
ドレープH：天井高＋埋込み高－レール・ブラケット高－10mm
レース　W：ドレープより狭く
レース　H：ドレープH－10mm
＊ゆとりを取り過ぎるとだらしなく見えるので注意すること。

2 発注前までに決めておかなければいけないこと

窓掛けは直接メーカーに発注するのではなく，窓掛け施工業者へ発注します。したがって，窓掛けプランの図面とともに，開口部の寸法（図面添付），取付け位置の**有効寸法**[*1]，窓掛けの仕様など，必要事項を的確に伝えることが大切です。ほんの少し指示が違っただけで取り付けられないことがあるので，特に次のような事項をしっかり検討のうえ決定し，正確に発注しなければなりません。

●ロールスクリーン発注前の確認事項

ロールスクリーン

①メーカー名・品名・品番・色
②吊り方
一枚か二枚以上に分けるのか天井付けか壁付けか
③巻き取りの操作方法
操作方法は以下の3タイプ
- スプリングタイプ
  プルコード式かプルハンドル式か
- チェーンタイプ
- 電動タイプ

④右操作か左操作か
⑤ウエイトバーの形状・色

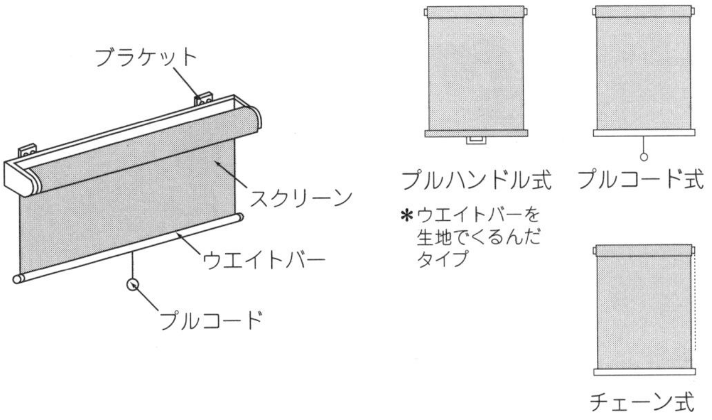

ブラケット
スクリーン
ウエイトバー
プルコード
プルハンドル式
プルコード式
＊ウエイトバーを生地でくるんだタイプ
チェーン式

ロールスクリーンの各部の名称とタイプ

●ドレープ＋レース発注前の確認事項

カーテンレール

①取付け位置
カーテンボックスの有無，天井付けか壁付けか
②吊り方
一枚片引きか二枚両引きか
- 一枚片引き→右寄せか左寄せか
- 二枚両引き→中央交差の有無

正面のみか側面まで必要か
③操作性・機能性
手動か電動か，操作がスムーズか，操作音が耳障りではないか
④メーカー名・品名・材質・色

(!)装飾レールを使用する場合はレール本体だけでも重量があるため，どのようなイメージのカーテンを使用するのかをできるだけ早い段階で施主の希望を聞き，下地を補強する必要がある。また，レールのサイズは両端の飾り部分も考慮したうえで，収納の扉の開閉や壁などの余裕を見込んでおく。

カーテン・タッセル

①生地
メーカー名·品名·品番·生地幅·材質·リピート[*2]の確認
②仕上がり寸法・数量
③開き勝手
右寄せか左寄せか
④縫製
幅使い，柄合せ
芯幅→50，75，90mm
フックタイプ→メタル，アジャスター
ヒダ山の種類→下図参照
裾の処理→ウエイト入れ，ウエイト巻込み，ウエイトなし
縫い方→本縫い，すくい縫い
タッセルの選択→共布でつくるのか，他のもの（チェーン，ひもなど）にするのか

(!)生地が複数のメーカーにわたる場合は，縫製や仕様を統一すると仕上がりがそろう。

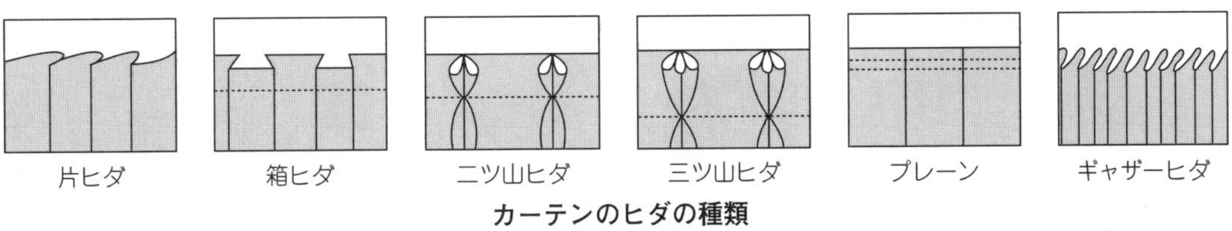

片ヒダ
箱ヒダ
二ツ山ヒダ
三ツ山ヒダ
プレーン
ギャザーヒダ

カーテンのヒダの種類

＊1**有効寸法**：実際に使える有効な寸法。例えば，廊下に手すりがついている場合，〈廊下幅－手すりの奥行き〉が有効寸法となる。＊2**リピート**：壁紙やカーテンなどの柄の繰り返し。繰り返し寸法。

カーテン注文書
おばあちゃんの部屋のレースっと仕上がり寸法は…
両開き、フックは…ヒダ山は…ウエイト巻込み
ドン
OK!
内装屋さんにFAX送って電話で納期の確認と取付けの打合せもね!
はい…
はい…では完成検査、クリーニングのあとの7月3日に取付けということで——ではよろしくお願いします!
ところで彩ちゃん現場まかされて頑張ってるそうじゃないの!よく気が利くし明るいしみんな現場通うの楽しみだって言ってたよ!
テヘ!

6月19日
LDK、廊下、階段のクロス貼替え工事が始まりました
!
えっ…また？
ちょっとヤダ！冗談じゃないわよォ!!
ん？何か…？
壁紙がプランと違うんで…
ん？
なんで違うんだ
ガサゴソ
何番になってます？
違うな…指定はA5637品番違いかぁ…5と…6
どこで入れ替わったのかなァ…

仕上表は間違いない…
どうもウチで発注書に記入するとき間違ったらしいですね
どうしましょう…
ちょっと…
問屋に電話してみます
杉田さん今問い合わせてみたら在庫があったので2~3日で届くようなんですよ
申し訳ないんだけどここと廊下のほうと手順変えられませんかね?
うーん、しかたないな手を休めるわけにもいかないからそうしよう!
内野、いいかい?
ええ……
ふぅ…
まったく困ったもんだな!
私ね、貼る前に廊下に張った内装プランボード見て確認してもらえなかったのが悲しくて…
こんなときのためのものでもあったのに…

発注ミスの原因とその対策

今回の春野邸のように，壁紙の施工者が発注の際に品番の数字の「５」と「６」を書き間違えたり，壁紙の販社で商品を出荷する際に品番を読み違えたというような人為的なミス・単純ミスはよくあることです。こうした些細なことでも工期が遅れたり，工程に狂いが出てしまいます。すべてにわたりICが目を届かせるわけにはいきませんが，どこかに落ち度はなかったのか，またミスを防ぐ方法はなかったのか，ここでちょっと考えてみましょう。

ケース1 業務依頼書類に不備がないかを確認する

書類が読みにくく，誤読されやすい文字で書かれていることがあります。発注書や業務依頼書などはFAXで送るケースが一般的ですが，原稿が鉛筆書きであるとか，筆圧が弱く薄い場合に不明瞭で判読できなかったりします。できるだけパソコンなどで間違いのない明確な書類を作成して業務依頼をするように心がけましょう。

ケース2 内装プランボードの活用のしかたを指示する

内装プランボードは，内装材のサンプルを張ったものですが，これは施工業者に現物とつき合わせて見てもらうことを意図して現場に掲示するものです。ただし，掲示するだけでは指示は徹底しません。必ず，口頭で使い方を指示することが必要です。

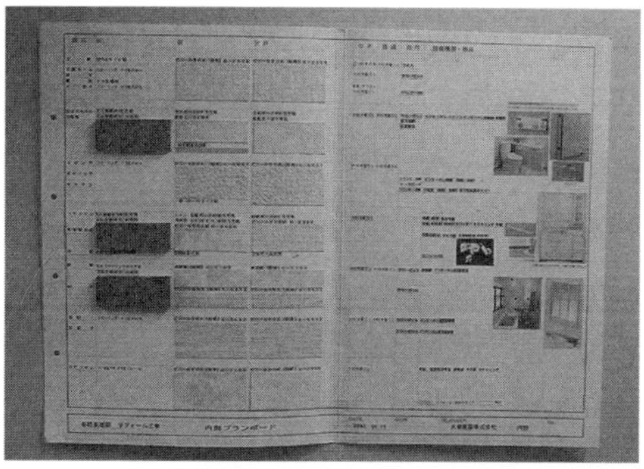

内装プランボード（例）

もっと確実にするならば，尺角サンプルの裏に大きく室名と壁か天井かの区別を書いて渡し，工事にかかる前にチェックをしたら，内装プランボードにチェック済みマークを記入するように指示することです。内装プランボードは，サンプルチップが小さいことから，白で特徴のない壁紙などは区別がつかないこともあります。また，薄暗い現場では特にわかりにくいものです。内装プランボードは，どちらかといえば，工事管理者の確認やIC自身のチェックに有効だと言えるでしょう。

ケース3 納入される材料，物品などの数量・品質などをチェックする

施工店・販社で起こったミスはしかたがないとしても，材料の納品時に確認を行えば貼る前に対処することができます。現状では，この役割は施工業者に任せているのがほとんどです。ICは，家具やカーテンの納品時に必ずチェックをします。それと同様に，壁紙の場合の納品チェックも本来ならICがやるべきことです。この役割を担えるかどうかは，ICの仕事のスタンスによっても異なりますが，ICが事前にチェックをすれば，貼り間違えるという事態は皆無になるでしょう。

あっ！もうすぐですよ！
よかったわ 内野さんのお勧めにしておいて！ これでもずいぶん白いのね
小さいサンプルで見ますと色が濃く見えますので…奥様がショールームで集めてこられたサンプルの中から最も色味のあるものを選びました！
そうそう！明るい白っぽいのばかり目にとまっちゃってね
今だから白状しますけど奥様の案では第４候補だったのでお勧めするの迷ったんです
色では色々ありましたから…
色々…ね！
キャハハハ

このくらいの色が
ちょうどいいね！
この部屋は明るい
から…
これ以上白かったら
落ち着かないよ
まっ白
すぎてさ
なんか楽しそうな
笑い声がして
ましたが…？
壁紙のことで…
全体のイメージ
どうですか？
いいですね
落ち着いた色で！
風合いもなかなかだし
これ、最近話題の
エコ壁紙でしょ！
ええ
内野さんからも
選ぶならこんなのが
ありますよって…
今回の工事で私たちも
考えが改まったわ！
これからはいらなく
なって捨てるときの
ことまで考えて物を
選ばないといけない
のね！

解説コーナー 19

壁紙の選び方

壁紙は，天井や壁に貼られてはじめてその商品の価値が発揮されます。ですからICは壁紙の商品知識だけを知っているだけでなく，施工に関する知識や，さまざまな下地の状態への対処の仕方も知っている必要があります。壁紙にはいろいろな分類方法がありますが，最も一般的なのは，材料による分類です。その場に相応しい壁紙を選ぶには，それぞれの壁紙の特徴をしっかり把握していなければなりません（120ページ表「壁紙の素材別特徴」参照）。

ここで，壁紙の選択を行ううえで注意をしなければいけないポイントをまとめてみましょう。

1. 小さなチップは色が濃く見えるので，できるだけ大きなサンプルで選ぶこと。
2. 壁に貼る場合は立ててみたり，天井に貼る場合は下から見上げるなど，貼られたときと同じ状態，また距離を保った状態で見ることが大切です。
3. 光源の種類によって見え方が違います。現場と同じ光源で見ることが大切です。
4. 柄によって部屋の見え方が変わります。横縞の壁紙にすると横の広がりを強調することができ，縦縞の壁紙にすれば天井を高く見せることができます（120ページ図参照）。
5. 窓の位置や光量によっても見え方が変わります。例えば，西向きに大きな開口のある部屋にピンク系の壁紙を貼った場合，夏の夕方には燃えるような暑苦しい部屋になります。逆に北の部屋にブルー系の壁紙は，冬の寒さを強調することになります。もちろんそれを効果的に使う方法もあります。つまり，目的に合った選び方が必要ということです。

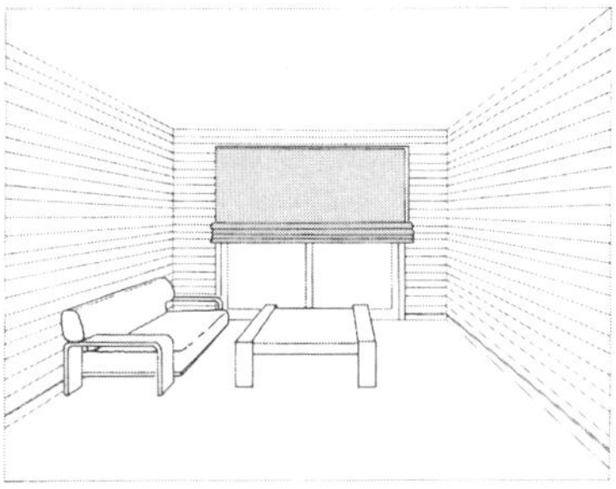

横縞の壁紙

縦縞の壁紙

6 リフォームの場合は，既存壁にどんな種類の壁紙が貼られていたか，また壁紙以外のどのような素材かによって下地の処理のしかたが変わってきます。下地に適した壁紙を選びましょう。

7 室内汚染やリサイクルに配慮した壁紙を選ぶのも，ICの仕事の姿勢として重要です。安全品質マークであるRALマーク（左下）やISMマーク（右下）を取得した壁紙が，選択の目安となります。

Gütezeichen RAL TAPETEN

RALマーク
ドイツの安全基準。1990年，ドイツの壁紙メーカーが「壁紙品質保証協会」を設立し，RAL（ドイツ品質表示協会）と協力して「品質検査規定」を作成。この規定は世界的にも高く評価されています。

ISM

ISMマーク（ISM規格）
[International Safety Material]
壁装材料協会が制定した安全基準。業界が自主的に定めた生活環境の安全に配慮したインテリア材料に関するガイドライン。

壁紙の素材別特徴

	ビニル系壁紙	織物（布）系壁紙	紙系壁紙
長　所	●量産できるので価格が安い ●加工性能が良く，デザイン・風合いが自由 ●発泡によりボリューム感が出せる ●耐光性，耐薬品性に優れる ●ほこりに強い ●施工性が良い	●織物独特の風合い，高級感がある ●柄，デザインが豊富 ●貼り替えに便利（裏打ち紙を残してきれいにはがれる）	●種類が豊富 ●価格の幅がある ●施工性が良く，かつきれいにはがせるので貼り替えに便利
短　所	●感触が冷たい ●低温で急に施工しにくくなる ●通気性がなく結露しやすい ●塩化ビニルを使用しているので，廃棄燃焼時に発ガン性のあるダイオキシンを発生する恐れがある	●横糸の打込みの少ないものはほつれやすく，貼るときに曲がりやすい ●撚りの弱いものや光沢のあるものはジョイントが目立つ ●施工時に伸縮する ●強度が弱く，表面の物理的性質は劣る ●退色しやすい ●汚れが付着しやすい ●臭気を吸収しやすい	●汚れやすく，落ちにくい ●水濡れに弱い ●衝撃に弱い *欠点は，樹脂コーティングや特殊フィルムをラミネートすることで補うことができる

それぞれの欠点を補う意味で，ある機能を付加した機能性壁紙が出ています。

防火性・汚れ防止・結露防止・防カビ・通気性・抗菌性・耐水性壁紙など，目的に合わせて選びましょう。

雨や手違いで工事が遅れて一時はどうなるかと思ったわ！でもこんなときのために工程には予備日を見込んであるの！
そのおかげで引渡しまで少し余裕があったしね！
やっと足場が外れたわ
うん！久しぶりにスッキリしたよ

こうして比べて見ると15年の違いが明らかになるんだよな…
翌朝、春野さんから一度は取りやめたテラスの拡張工事とタイル張り工事の依頼があったんです!!
ポーチとテラスの工事は雨のため時々中断…でも張られたタイルが家と一緒に笑っているようなカンジです!!
6月30日に予定されている枝川部長、杉田さん、私による完成チェックまでにはほとんどの工事が終わっていることでしょう
あとはダメ工事(あまりありませんように……)とカーテン工事!最後までガンバロウ!!

工事の完了前の現場は慌しくなります

9章

完成引渡しとアフターフォロー

内装の最終仕上げ
手直し工事の指示!
はいOK!
完成チェックで見落とさないようにしなくちゃね!

設備機器の最終チェック!試運転の立会い!
シーズンオフの操作も忘れずに!!

完成時の検査

Q　これまでも各工事の終了時にチェックをしてきましたが，完成引渡し前に特に注意することはありますか？

A　この検査は，施主への引渡し前の最終チェックとなるから，設計・IC・現場監督などの立会いのもとに行われるんだ（三者はそれぞれにチェック用のテープを持ち，問題個所があればマークする）。そこで，ポイントは，

①工事中は**養生**や資材等で見えなかった部分にも注意し，すべて設計通りにできているか，**躯体**との納まりは良いか，不具合はないか。仕上がりはどうかなどを住み手の気持ちになってチェックし，修正が必要な場合は迅速に対処する。また，床のコルク張りは養生をはずすと目違い*1が見つかることがあるので要注意。

②工事中に付いた床・壁・天井の汚れはないか，建具やカウンターの汚れや傷なども入念にチェックし，補修個所があれば早めに指示する。

③洗面化粧台や造作家具類は，**ヒンジ**の不具合や**パーツ**の欠落・不具合はないか，操作性はスムーズか，使う立場になってよく見る。

Q　コンロやエアコン，給湯器などの試運転は，接続工事の後，春野夫妻に立ち会ってもらい，メーカーの技術者の説明を聞きながら操作性の確認をしていただいたんですけど…　これでよいのでしょうか？

A　うん。確かに住みながらのリフォーム工事は，一日も早く使いたい浴室や給湯器などは全体の完成を待たずに試運転直後から使い始めることが多いね。でも，ここで注意することは，工事中に取扱説明書や保証書が紛失することがないように，他の引渡し書類とまとめてファイルに収めておいて，引渡し日に施主にお渡しするということだよ。また，操作性のチェックは，カタログからでは読み取れない使用感が得られ，後の設備選びの参考になるから，自分でも試してみるといいぞ！

Q　窓掛け類のチェックポイントは何ですか？

A　指示した品番・デザインで仕上がっているか，裾の処理・柄合せ・縫製の不具合はないか，寸法（幅・丈・ヒダ山の高さおよび数）は指示通りか，丈の調整は適当か，リターン*2やタッセル掛けの位置は指示通りか，操作性はスムーズか，カーテンレールやブラケットの取付け部分の納まり具合はどうか，などをよく見て問題があれば早急に対処するように！

Q　その他には何かありますか？

A　お客様にいつまでも気持ち良く使っていただくために，**メンテナンス情報**の提供は必要だね。コルクのワックスがけの要領や，ロールスクリーンを取り外して行う手入れ方法など，自分も使う立場になって職人さんに教わるといいよ。

＊1**目違い**：板やボードを継ぎ合わせたときに，その部分で面が同一平面にならないこと。ここでは，仕上げ上のコルク板の継目に板厚の誤差や施工の不備で生じる凹凸。目地がくい違うことも目違いという。＊2**リターン**：本来，一つの連続する面の向きが変わることをいうが，ここではカーテンの脇からの光漏れや視線を遮り，サイドを美しく仕上げるための部材。

ようやく完成にこぎつけましたこれまでの管理の総仕上げなので気を抜かずにやりましょう!!
6月30日
完成チェックの日
最後に大事なことはメンテナンス情報の提供だ！
手入れのしかたも説明しておくと喜ばれるよ！
はい！コルクのワックスがけは来週のカーテン取付け工事の後に内装屋さんから奥様に要領を実演しながら教えてもらうように手配済です！
そして完成し、夏休みもなかばにさしかかった頃…私は春野夫人にことわって春野邸を訪ね完成後の写真を撮らせてもらったんです
あらまァ内野さんいらっしゃい！
こんにちは！新しいお住まいはいかがですか？
このたびは本当にお世話になりました！どこも便利にしていただいて…
郷里に住んでいたら一生こんな魔法の家の暮らしは知らないままだったでしょう
えっ!?
魔法って？

夕べあまりに暑かったので
ちょっと庭に涼みに出たの
みどりが足元に気をつけてっ
て言わないうちに
パッと明かりが点くの！
彩さんが
仕掛けた魔法だって
みんなで噂してたのよ!!
それって
センサー付きの
屋外灯のこと
ですか？
ええ
私ら昔人間だから
外灯ってつい
もったいないと思いがち
だけど
あれなら経済的だし
防犯上も安心で
とっても感謝しています！
こんにちは！
暑いわね
お母さん
中に入って
いただき
ましょうよ！
春野夫人から
おばあちゃんの部屋に
似合ったテーブルと
椅子についての相談を
受けました
そこで私は
住宅用の椅子の
品揃えがいい
家具ショールームに
案内する約束を
しました
現場が終わっても
必要とされている
なんて感激!!
いっただきまあーす
そして
数日後――
献血ルーム
長田歯科 4F
J・TONE

おばあちゃんと夫人を
家具のショールームに
案内し
お気に入りの椅子探しの
お手伝いをしました
応対した方は
半年前のセミナーで
知り合ったICの
人見さんでした
快適な椅子を
探している方が
多いんですよ
人見と
申します

ワンポイント講座11

●椅子選びのチェックポイント

あなたは椅子を見た目で選んでいませんか？　椅子は，使う本人に座り心地を確かめながら決めてもらうようにしましょう。

そこで，椅子選びのポイントを紹介します。

1．椅子に座るとき，履物を履いて座りますか。
2．背もたれに腰がつくまで深く腰をかけて，両足のかかとが床についていますか。
3．長い時間座ると，お尻が痛くありませんか。クッションの硬さはいかがですか。
4．腰や背中の部分の安定感はありますか。
5．座っている間でも，楽に姿勢が変えられますか。
6．肘掛けの高さや両肘の間隔は，体に合っていますか。
7．長い間座っていると，お尻を前に滑り出したくなりませんか。
8．クッションは，吸湿性のある素材ですか。
9．立ったり座ったりといった動作がしやすいですか。
10．使い勝手や用途に見合った椅子ですか。
11．テーブルや作業台との高さのバランスは，適切ですか。
12．掃除のときなど，楽に軽く動かせますか。
13．食べこぼしや汚れが付いたとき，簡単に汚れを取ることができますか。
14．インテリアエレメントとして室内環境に調和していますか。

人見 お部屋ではスリッパや何かお履きになってますか?
おばあちゃん ええ、冬の寒いときには履いていましたが、こちらに来てからは履いていません
素足のほうがコルクの感触がいいんですもの
人見 それですとこのままでは椅子の座が少し高すぎてかかとが床につかないでしょう長く座ると疲れますよ
もしこの椅子がお気に入りなら椅子の脚をお客様に合わせてカットすることができますよ!
おばあちゃん 脚をカットできるのならもう少しいろいろな椅子に座り比べてみたいわねェ…
おばあちゃんは靴を脱いで片っ端から掛け心地を試してみました…人見さんはその都度おばあちゃんの足と床の間に高さを調整する板を敷き、座り心地を尋ねました――
これが一番!
…でも…もう少しクッションが柔らかいほうがいいかもしれないねェ…
あっ、それは座面の硬いほうです
同じデザインでも座面の硬さはお好みで選べるようになっているんです
こちらではいかがですか?
うーんいいわぁ!
椅子の中には長い時間座っているとお尻をだんだん前に滑り出したくなり腰痛を誘発する椅子もあるんですよ
この椅子はお体に合っていますね

お母さんこの椅子いいわね！後ろにキャスターが付いてるからお掃除のときも動かすのが楽ね
もうひとつこの椅子の特長はシートのカバーがご家庭で洗えるんですよ！
こうしてマジックテープを剥がすと簡単に取り外せますから
あら…それは便利！
年をとるとよく食べ物をこぼすんですよ助かるわ!!
これであとは丸テーブルを選べばいいのね
椅子の脚を3cmカットしますので、その分テーブルの高さも調整できるものがいいですね
テーブルではお食事のほかにどんなことをなさいますか？それによって使いやすい高さが違いますから…

ワンポイント講座12

●椅子とテーブルの高さのバランス

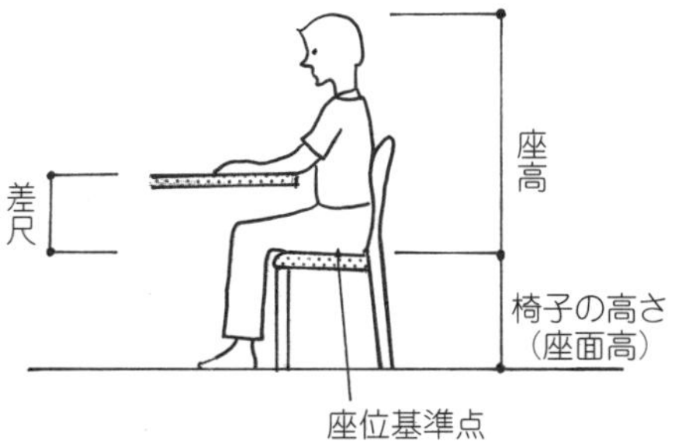
座高
差尺
椅子の高さ（座面高）
座位基準点

食事や腰掛けて作業をする場合は，まず椅子が体に合っていなければ正しい姿勢は保てません。

しかし，それだけでは食事や作業は長続きしません。テーブルの高さと椅子の高さのバランスが重要なのです。

ここでいう**椅子の高さ**とは，座面の前縁ではなく，**座位基準点（座骨結節点）**であることに注意して下さい。

座位基準点からテーブルの甲板までの垂直距離を**差尺**と呼び，差尺はそのテーブルで何をするかによって適当な寸法が異なります。

差尺の目安は，次の通りです。

- 食事や読書などゆったりとした作業を長時間続ける場合➡座高×1/3−(2〜3cm)
- 筆記作業を能率良く行いたい場合➡座高×1/3

（座高：座位基準点（座骨結節点）から頭頂までの寸法）

なんだか たいそうな身分の 奥方みたいな 気分でしたよ
ホント！ 椅子一つ選ぶのに あれほど細やかな チェックが必要だ なんて…
うちも やっと片付いて ホッとしています 気持ちいいですよ！ またゆっくり 遊びに来て くださいね！
ぜひそうして ちょうだい!!
は－・・・
はい！ ありがとう ございます！

彩ちゃんからのメッセージ

私の現場第１号＜春野邸リフォーム工事＞の奮闘記に最後までおつきあいいただきました読者の皆様，ありがとうございました!!

春野様ご夫妻をはじめ現場で工事に携わりながら教えてくださった皆様，そして会社の先輩方のご指導のおかげで，インテリアコーディネーターとしてのスタートを披露することができました。

さて，ここで私から読者の皆様へメッセージを申し上げたいと思います。ひと言でインテリアコーディネーターといっても，私のように建築の現場に携わる場合や，４章や９章で登場したショールームやショップでの業務とでは，立場も仕事の内容も異なります。インテリアコーディネーターは，「快適空間を創造するスペシャリスト」として，インテリア関連商品の製造，流通，販売，企画，設計，コンサルティングなどの幅広い知識をもって，おもにハウジングメーカー，ゼネコン，工務店，インテリアエレメントメーカー，専門店・百貨店・量販店などに所属して仕事をしたり，フリーランスで活動しています。

私は，会社勤めのあと，夜インテリアコーディネーター養成スクールに通い，インテリアコーディネーター資格試験受験のためのノウハウやインテリアコーディネーション業務について学びました。インテリアに関する商品知識，商品の流通，販売や接客技術，情報の収集や活用に関する知識，コンサルティングや積算・見積の方法など〈**インテリア販売**〉に関する領域は，以前勤めていました家電メーカーでの経験が大変役に立ちました。

一方，インテリアの歴史・色彩・造形・人間工学，住宅やインテリア構成材の種類・性能・施工方法・選択のしかたなど，材料に関する基礎知識，室内環境計画に必要な光と色・音・熱と空気に関する知識，空間計画・環境計画・設備計画に関する知識，安全や規格・税制・法規など，〈**インテリア基礎・技術**〉に関する領域は，まだまだ目次をなぞった程度でもっともっと勉強しなくちゃ！　と痛感しています。

今回のように顧客の手足となって調査・検討し提案を行う場合には，成果をどのように表現・伝達するかという技術や表現技法を会得していることが，顧客への啓蒙や説得に効果的だと実感しました。

そして，インテリアコーディネーターはなんといっても“体力とサービス精神！”　これにつきると思います。これだけは，自信あり！　なんだけどなぁ…　読者の皆様の業務のお手伝いが，本書によって少しでもできれば嬉しく思います。

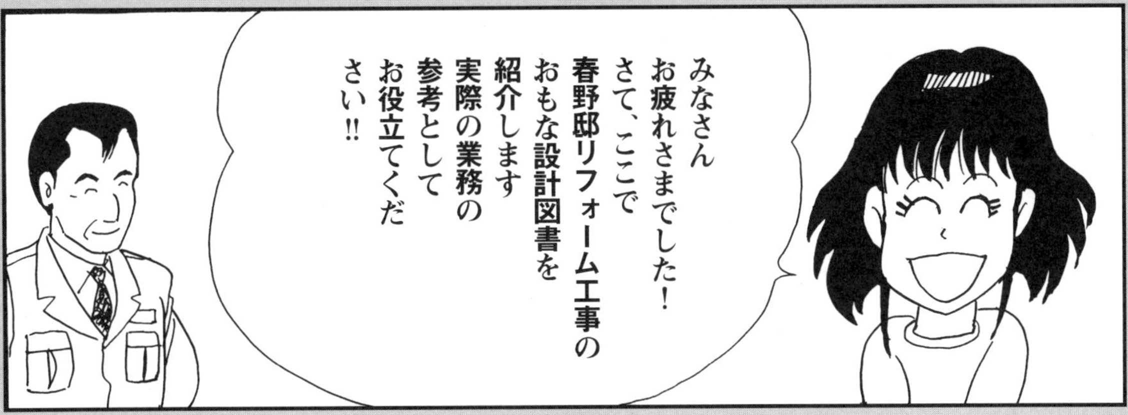
みなさん
お疲れさまでした！
さて、ここで
春野邸リフォーム工事の
おもな設計図書を
紹介します
実際の業務の
参考として
お役立てくだ
さい!!

付

参考資料他

1階平面図（上：新築工事，下：リフォーム工事）

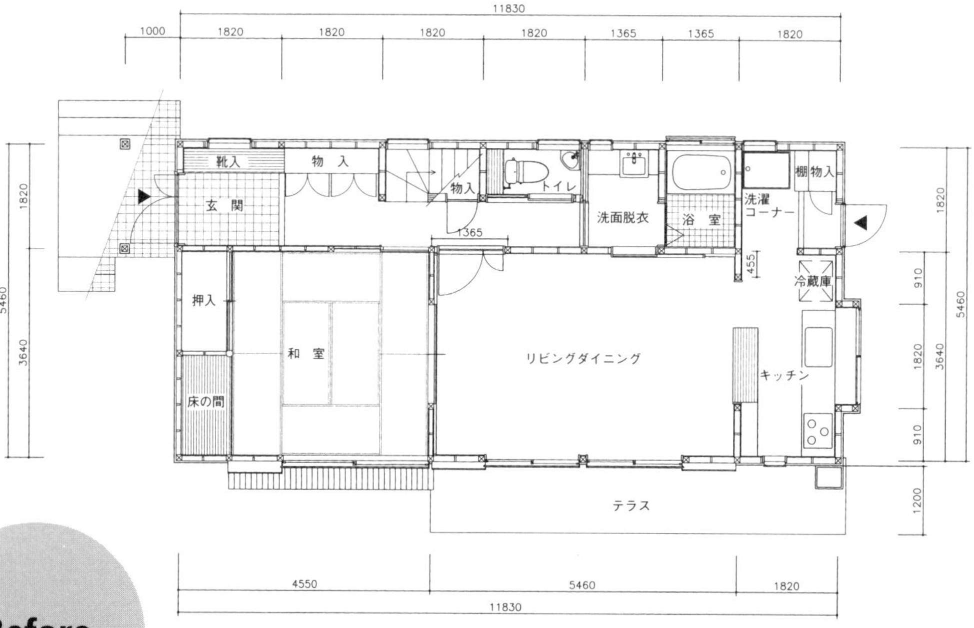

Before

After

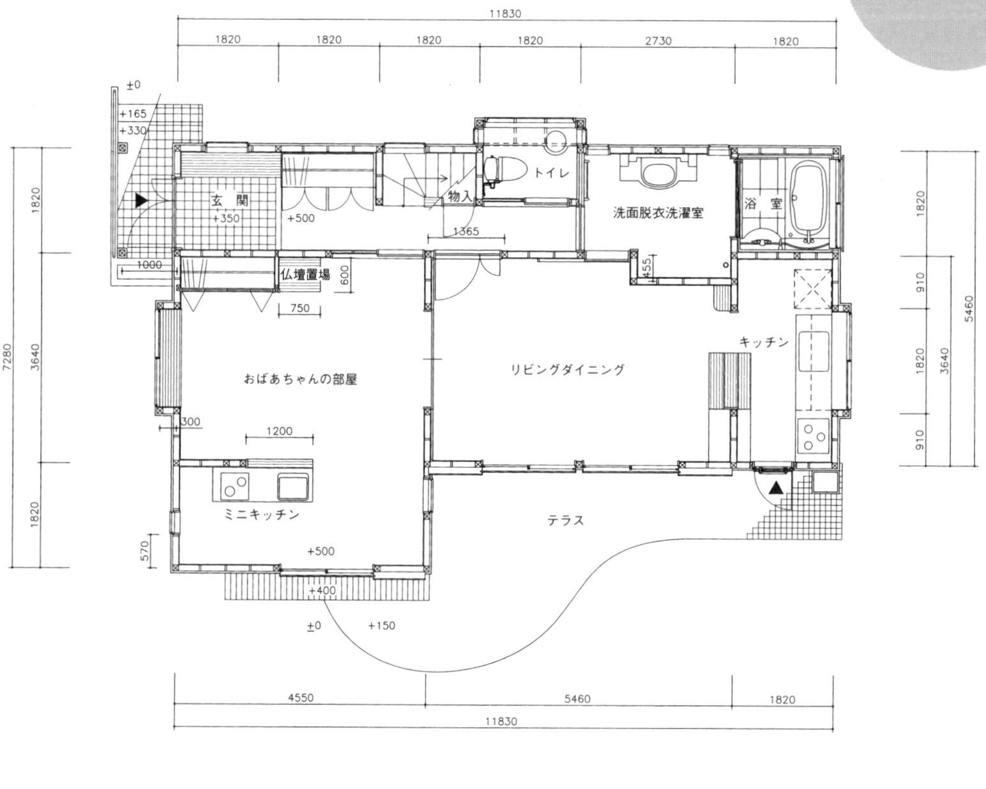

2階平面図（上：新築工事，下：リフォーム工事）

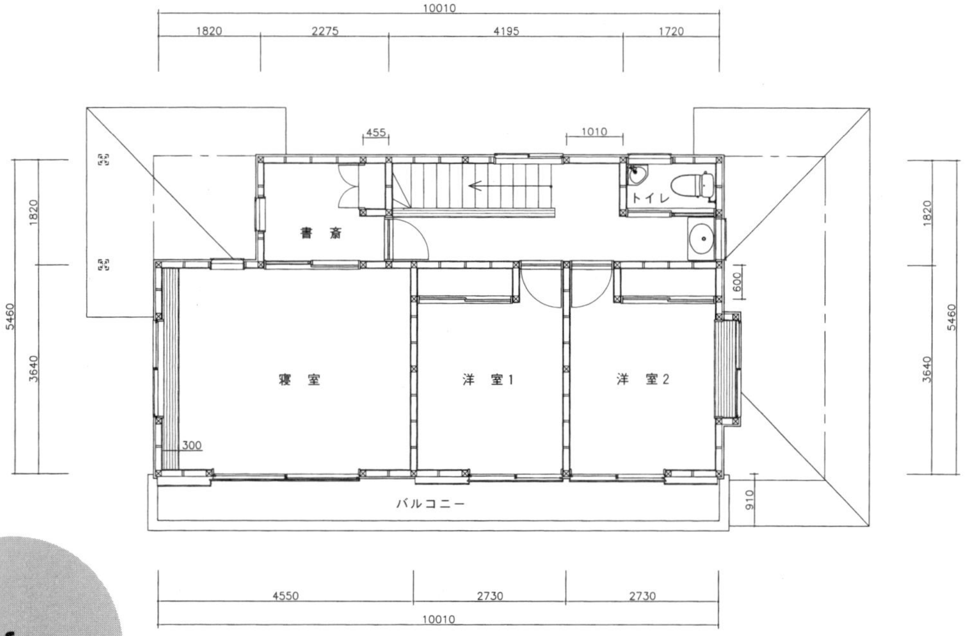

Before

After

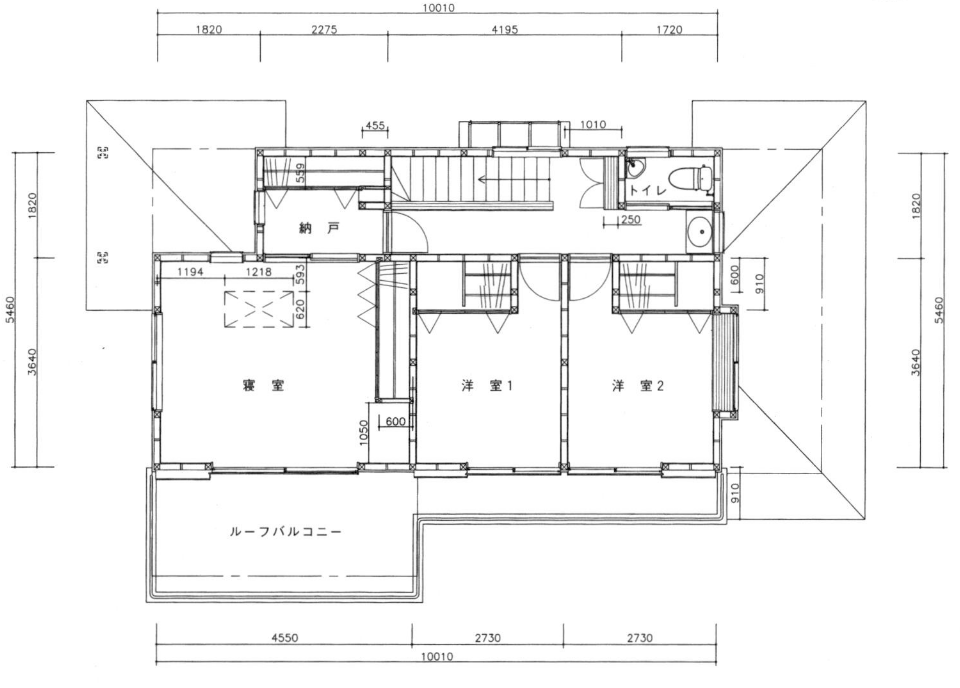

立面図（リフォーム後）

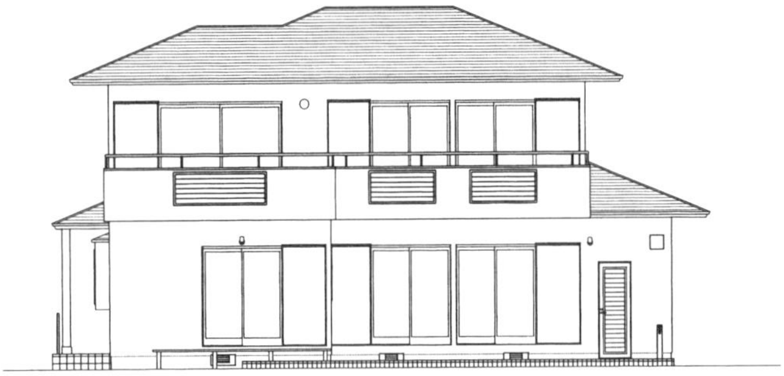

南立面図

西立面図

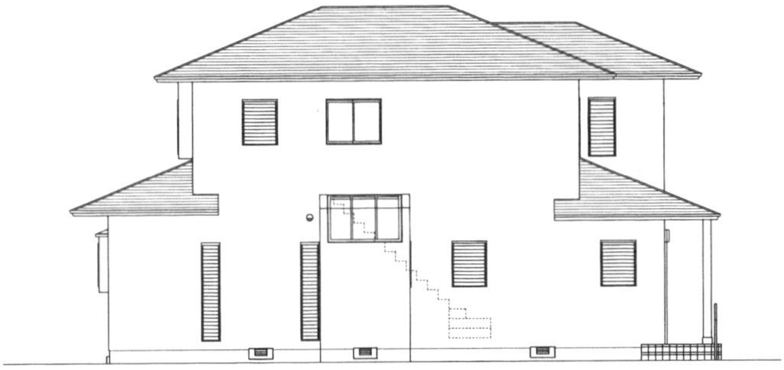

北立面図

東立面図

電気設備・給排水設備位置図

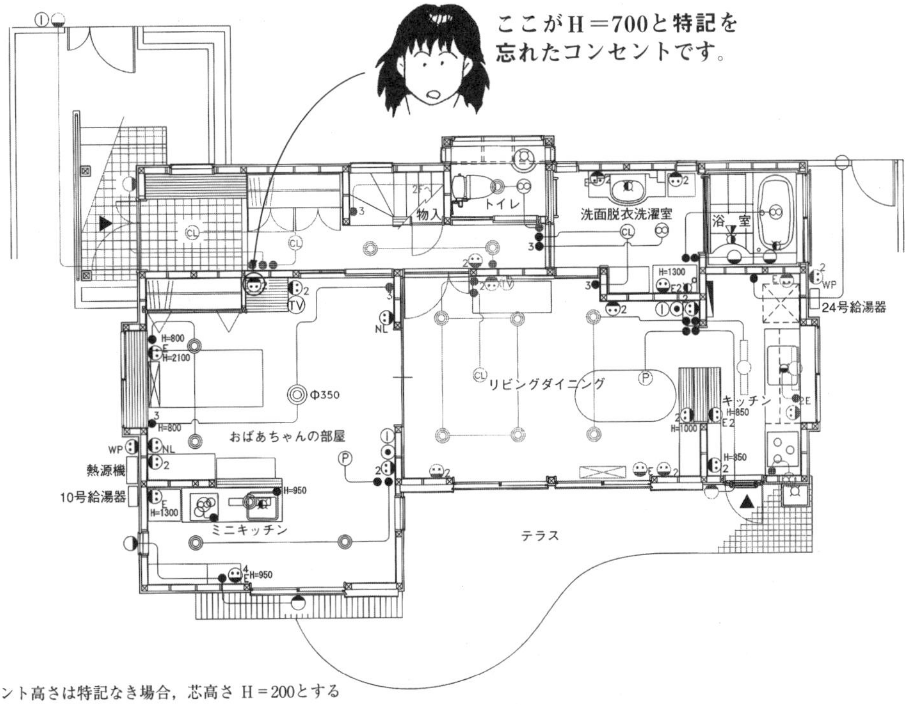

●コンセント高さは特記なき場合，芯高さ H＝200とする

●スイッチ・電話ジャックなどプレート高さは特記なき場合，芯高さ H＝1,200とする

●設備機器の薄い線は既存設備，実線は新規または移設を示す

家具配置図

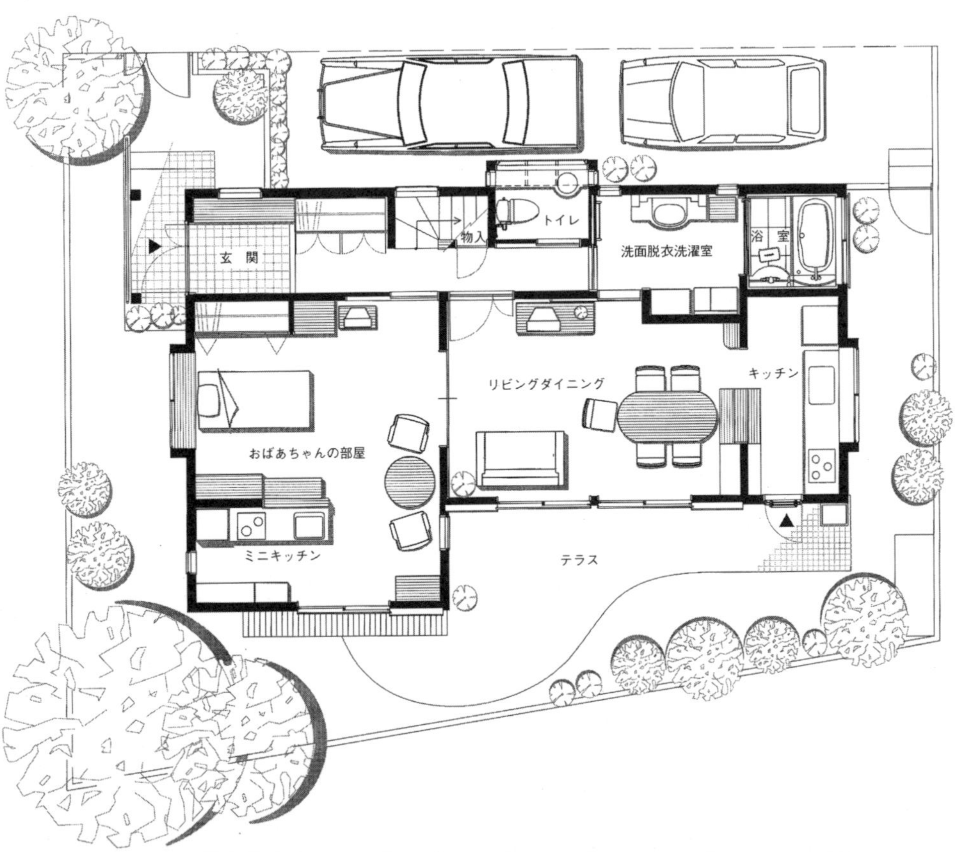

仕上表

室名	床	幅木	壁	回り縁	天井	造作・ビルトイン家具・設備
玄関	□150 タイル貼り	□150 タイル	ビニールクロス（貼替え）	H40木製CL	ビニールクロス（貼替え）	下足入
ホール・廊下	フローリング ナラ乱尺@15	H60木製CL	ビニールクロス（貼替え）	H40木製CL	ビニールクロス（貼替え）	クローゼット
おばあちゃんの部屋	合板Fco@15下地 コルク貼り@5	H60木製CL	ラスボード@9.5下地 珪藻土・コテ押え 一部化粧珪カル板	H40木製CL	石膏ボード@9.5下地 珪藻土・コテ押え	ミニキッチン，クローゼット 仏壇置場，窓下収納，エアコン 床暖房，インターホン副親機
リビング ダイニング	フローリング ナラ乱尺@15	H60木製C	ビニールクロス（貼替え）	H40木製CL	ビニールクロス（貼替え）	カウンター収納，カップボード インターホン親機（移設・取替え）
キッチン	フローリング ナラ乱尺@15	H60木製CL	100×200 タイル貼り ビニールクロス（貼替え）	H40木製CL	ビニールクロス（貼替え）	カウンター収納，分電盤（移設・取替え），床下換気扇タイマー
1Fトイレ	合板Fco@15下地 コルク貼り@5	H60木製CL	石膏ボード@12.5下地 ビニールクロス（貼替え）	—	石膏ボード@9.5下地 ビニールクロス貼り	便器，暖房・洗浄便座，手洗・紙巻器・収納付きカウンター，手すり，タオルリング
洗面脱衣室	合板Fco@15下地 コルク貼り@5	H60木製CL	シージングボード@12.5下地 ビニールクロス（貼替え）	—	ラスボード@9.5下地 ビニールクロス貼り	洗面化粧台，タオル掛け 洗濯機置場（給排水）
浴室	FRP・濃色岩肌調	—	□200 タイル	—	フルドーム天井	ユニットバス
階段	ナラ集成材	側板ナラCL	ビニールクロス（貼替え）	H40木製CL	ビニールクロス（貼替え）	
2F廊下	フローリング ナラ乱尺@15	H60木製CL	ビニールクロス（貼替え）	H40木製CL	ビニールクロス（貼替え）	カウンター収納
2Fトイレ	合板下地 長尺塩ビシート貼り	H60木製CL	ビニールクロス（貼替え）	—	ビニールクロス（貼替え）	便器，暖房・洗浄便座，手洗器 タオルリング，紙巻器
洋室 1	フローリング ナラ乱尺@15	H60木製CL	ビニールクロス（貼替え）	H40木製CL	ビニールクロス（貼替え）	クローゼット，インターホン通話副親機
洋室 2	フローリング ナラ乱尺@15	H60木製CL	ビニールクロス（貼替え）	H40木製CL	ビニールクロス（貼替え）	クローゼット インターホン通話副親機
寝室	コルク貼り@5 既存フローリング@15下地	H60木製CL	壁紙紙（貼替え）	H40木製CL	壁紙紙（貼替え）	クローゼット，床収納 インターホン通話副親機
納戸	コルク貼り@5 既存フローリング@15下地	H60木製CL	ビニールクロス（貼替え）	H40木製CL	ビニールクロス（貼替え）	クローゼット
春野英雄邸　リフォーム工事　内部仕上表					○○年○○月○○日	大樹建設株式会社

（網掛け）：リフォーム工事時の仕上げ（品名・品番は，プランボードに表示）

上：ラフプランA案，下：ラフプランB案

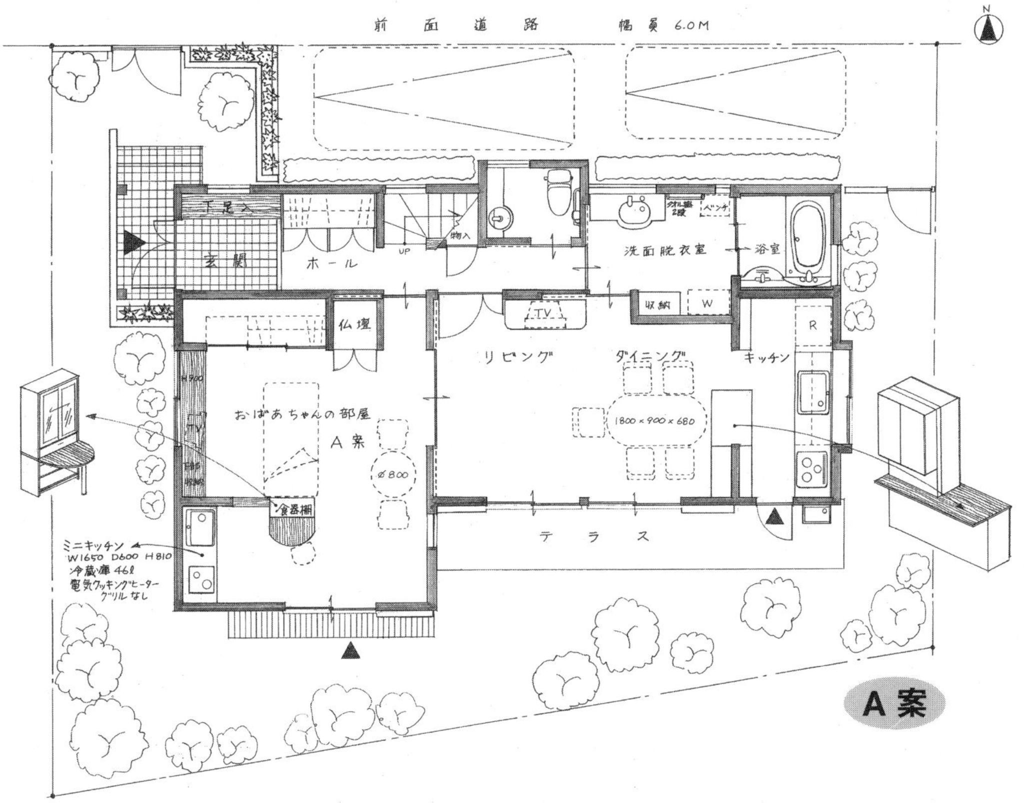

初めてのプレゼンでの提案図です。このあとB案を手直して実施プランへと進みました。

◎実務者・資格取得を志す方にお薦めの参考書

『現代木造住宅のディテール 基礎と応用』井場重雄ほか著，彰国社，1983年

『図説 建築の内装工事』高木恒雄著，理工学社，1983年

『図解 高齢者・障害者を考えた建築設計』楢崎雄之著，井上書院，2000年

『住み手とつくり手のリフォームハンドブック 戸建て住宅編』リフォームハンドブック編集委員会編，理工学社，1996年

『インテリアデザイン実践講座［1］スペースデザイン』旭化成デザイン事業室編，井上書院，1990年

『インテリアデザイン実践講座［2］デザインビジネス』旭化成ホームインテリア研究所編，井上書院，1991年

『インテリアコーディネーターハンドブック 技術編』㈳インテリア産業協会，2000年

『インテリアコーディネーターハンドブック 販売編』㈳インテリア産業協会，2000年

『インテリア・デザイニング 楽しい住いの設計』積水ハウス東京設計部監修，グラフィック社編集部編，グラフィック社，1988年

『図解・インテリアコーディネーター用語辞典』尾上孝一・大廣保行・加藤力編，井上書院，1993年

『健康と住まい』武庫川女大 梁瀬度子編，朝倉書店，1997年

『インテリアと家具の基礎知識』内堀繁生著，鹿島出版会，1985年

『暮らしから描くキッチンと収納のつくり方 おすすめ実践アイデア集』吉田桂二編著，勝見紀子ほか著，彰国社，1999年

『Curtainファブリック＆ウインドートリートメント』インテリア産業協会インテリアコーディネートブック編集委員会編，㈳インテリア産業協会，1999年

『コンフォルト・ライブラリー9 照明［あかり］の設計 住空間のLighting Design』中島龍興著，建築資料研究社，2000年

『色感素養』小林重順編，ダヴィッド社，1995年

●監修

社団法人インテリア産業協会

●技術解説

下津浦和子（しもつうら かずこ）

トゥロワ パレット主宰

二級建築士，インテリアコーディネーター，マンションリフォームマネージャー

野田和子（のだ かずこ）

㈲スペースクリエイト K代表

二級建築士，インテリアコーディネーター，インテリアプランナー

●協力

浩英建設株式会社

●脚本

石井圭子（いしい けいこ）

●マンガ

すずき清志（すずき せいし）

マンガで学ぶ インテリアコーディネーターの仕事

2002年6月30日　第1版第1刷発行

監　修　社団法人インテリア産業協会©

マンガ　すずき清志©

発行者　関谷　勉

発行所　株式会社 井上書院

東京都文京区湯島2-17-15 斎藤ビル
電話 (03)5689-5481　FAX (03)5689-5483
http://www.inoueshoin.co.jp/
振替 00110-2-100535

装　幀　川畑博昭

印刷所　株式会社 オーイ・アート・プリンティング

製本所　誠製本株式会社

ISBN 4-7530-0617-4　C3052　Printed in Japan